개정판

이해하기 쉬운

메뉴관리론

머리말

대한민국의 경제가 지속적으로 성장하고, 외국과의 교류가 많아지면서 사회 환경이 변화되고 문화의식이 높아졌습니다. 그 결과 고객의 욕구와 취향이 변화하고 다양해지면서 과학기술의 발전은 사물인터넷, 빅데이터, 인공지능과 같은 4차 산업혁명을 가져왔고 이는 외식업에도 많은 영향을 미치고 있습니다. 외식업체는 끊임없는 성찰을 통하여 발전한 과학기술을 이용하여 다양한 고객의 요구를 만족시킬 수 있는 새로운 상품을 개발해야만 무한경쟁의 외식업계에서 생존할 수 있게 되었습니다.

외식업체의 상품은 메뉴라 할 수 있는데, 메뉴는 내부적인 통제도구일 뿐만 아니라 고객과의 대화, 판매, 광고, 판매촉진을 포함하는 마케팅 도구라고 할 수 있습니다. 메뉴에 따라 조리기기, 서비스 공간, 세정실과 식기 세척기의 용량, 조리기기의 종류, 조리기기의 용량, 건창고와 냉장고의 크기, 종사원의 수, 레스토랑에 소용되는 투자비용 등 레스토랑의 전반적인 모든 사항이 결정됩니다.

이 책은 호텔과 외식업체에 진출하려는 학생들과 창업을 준비하고 외식 현장에서 일하는 실무자들이 메뉴를 이해하고, 이를 실무에서 적용할 수 있도록 구성되어 있습니다. 1~3장에서는 메뉴에 대한 전반적인 내용으로 메뉴의 개요, 메뉴 계획, 메뉴판 디자인에 대해 설명하였고, 4~5장에서는 원가관리, 메뉴 가격 결정을 통해 가격 경영 전략에 대해 살펴보았습니다. 6장에서는 메뉴의 분석과 평가를 통해 디자인된 메뉴의 사후 평가 방법을 구성하였고, 7장에서는 메뉴의 다양한 마케팅 전략에 대해 다루었습니다. 8장에서는 실제 실무에서 사용되었던 메뉴판과 1~7장에서 다루었던 내용을 토대로 한 메뉴판 평가리스트를 제공하여, 레스토랑 메뉴판의 장·단점을 평가하는 방법을 제시하였습니다.

부족한 점이 많으나, 본 서가 외식경영학, 식품영양학 등을 전공하는 학생들에게 메뉴에 대한 이해도를 높이기 위한 기초 전공 교재로 활용될 수 있기를 바랍니다. 저희 4인 저자들은 이 책이 후학들을 현장과 연계할 수 있는 효율적이고 실무에 적용 가능한 교재가 되도록 더욱 노력하겠습니다. 끝으로 이 책을 위해 자료 제공을 해 주신 모든 분들께 감사드리며, 본 서가 잘 출간되도록 힘써 주신 파워북 유제구 대표님, 김재광 상무님과 직원 여러분들께 감사드립니다.

2021년 8월

저자 일동

차례

CHAPTER

01

메뉴의 개요

1. 메뉴 | 2. 메뉴의 분류

CHAPTER

01

학습목표

1. 메뉴의 정의를 설명할 수 있다.
2. 메뉴를 내용, 제공 시간, 메뉴의 제공 기간에 따라 분류할 수 있다.

1. 메뉴

1) 메뉴의 정의

메뉴의 정의를 역사적으로 살펴보면 1960년대는 '차림표' 또는 '레스토랑에서 제공하는 식료와 음료를 기록하는 단순한 리스트'였고, 1970년대는 '마케팅과 관리'의 개념이 가미된 '차림표'였으며, 1980년대는 '차림표'의 개념이 삭제된 '마케팅과 내부 통제도구'로 정의되고 있다. 종합적으로 메뉴의 정의는 '메뉴는 내부적인 통제 도구일 뿐만 아니라 고객과의 대화, 판매, 광고, 판매촉진을 포함하는 마케팅 도구 marketing tool'라고 할 수 있다.

메뉴라는 용어는 라틴어 Minutus에서 파생되었으며, 이는 '기록'의 의미를 가지고 있고, 영어에서는 '세밀하다'는 의미도 포함한다. 1541년 프랑스앙리 8세의 브랑위그 공작이 최초로 사용하였고, 19세기 이후 일반 레스토랑에서 사용되기 시작하였다.

2) 메뉴의 중요성

과거 메뉴는 식재료와 음료를 기록하는 단순한 리스트였지만, 근대로 오면서 외식경영레스토랑, 호텔 등의 모든 업무의 기반이 되는 항목이 되었다. 우선 관리자 측면에서 메뉴는 원가관리의 기반이 되며, 메뉴에 따라서 상권과 입지까지도 구분된다. 예를 들면, 판매하고자 하는 메뉴의 가격에 따라 상권과 입지에 알맞은 고객을 선택하고, 이에 맞는 식재료의 수준을 선택하게 된다. 나아가서 시설 설비 투자액에 대한 손익분기점을 파악할 수 있다. 또한 직원들의 조리 숙련도와 같은 인적 관리의 기본이 된다. 고객 입장에서 보면 메뉴란 식당을 방문하는 가장 큰 이유가 될 수 있으므로, 대부분의 식당 관리자들은 메뉴를 가장 먼저 선정하는 경우가 많다. 이밖에도 메뉴에 대한 분석이 제대로 시행되지 않으면 식재료의 수급, 검수, 저장, 출고 등에도 차질이 생기며 결국 수익성 저하를 초래한다.

3) 메뉴의 기능

메뉴는 다음과 같은 기능을 한다.

(1) 메뉴는 판매 도구이다

메뉴에는 품목, 가격, 서비스 제공 방법이 자세히 기록되어 있다. 고객들이 식당의 분위기와 영업 행위를 파악할 수 있으며 이를 통하여 고객들의 식사 및 구매 의욕을 일으킨다. 음식은 의류나 IT 기기와 같이 미리 경험해 보고 구매 결정을 할 수 없으므로 메뉴의 내용만을 보고 구매 결정을 해야 하는 고객 입장에서는 중요한 판매 도구이다.

음식을 미리 경험할 수 없는 특성 때문에 그림 1-1과 같이 고객들에게 최대한 자세한 설명을 통하여 고객의 구매자극을 유도해야 할 필요가 있다.

그림 1-1 레스토랑 앞 다양한 메뉴 사진

출처 : flickr

(2) 메뉴는 식당의 얼굴이며 상징이다

식당 경영은 메뉴를 개발하고 세분화하여 시장 차별화를 꾀하고 고객의 욕구를 충족시키며 이윤을 창출하는 마케팅 행위라고 할 수 있다. 메뉴에 따라서 식당의 개성을 표현할 수 있으며 식당의 이미지까지 형성하게 된다.

(3) 메뉴는 경영자와 고객을 연결해 주는 의사소통의 수단이다

메뉴를 통하여 경영자는 판매하고자 하는 것을 고객에게 어필appeal하게 되며, 고객들이 이를 수용한다면 메뉴를 구매할 것이고, 수용하지 않는다면 메뉴를 구매하지 않게 된다. 결국 메뉴 분석이 제대로 갖추어져 있을 때, 비로소 고객들은 경영자의 의견을 수용하며, 수용된 의견은 구매 행동으로 이어진다.

셰프들은 본인들이 추구하는 요리의 방향이나 고객들이 알아주었으면 하는 레스토랑의 특징적 사항들을 메뉴판에 담기도 한다.

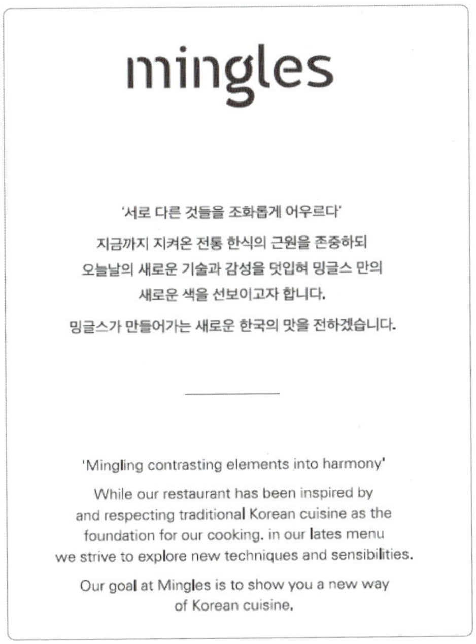

mingles

'서로 다른 것들을 조화롭게 어우르다'

지금까지 지켜온 전통 한식의 근원을 존중하되
오늘날의 새로운 기술과 감성을 덧입혀 밍글스 만의
새로운 색을 선보이고자 합니다.

밍글스가 만들어가는 새로운 한국의 맛을 전하겠습니다.

'Mingling contrasting elements into harmony'

While our restaurant has been inspired by
and respecting traditional Korean cuisine as the
foundation for our cooking. in our lates menu
we strive to explore new techniques and sensibilities.

Our goal at Mingles is to show you a new way
of Korean cuisine.

그림 1-2 미슐랭가이드 1스타(2017~2018년) 청담동의 밍글스 메뉴판 설명

(4) 메뉴는 식당의 분위기를 말해 준다

메뉴판에 제시된 메뉴의 형태, 색채, 크기, 문자 구성 등이 식당의 콘셉트concept와 조화를 이룰 때 메뉴는 그 식당의 분위기를 반영한다. 식당의 콘셉트 중 메뉴와 밀접한 관련성이 있는 것으로는 테마, 메뉴의 수, 목표 시장, 상권과 입지, 분위기, 서비스 형태, 가격, 규모와 좌석 등이 있다.

메뉴의 수에 따라서 전문성을 돋보이게 할 수도 있으며, 가격에 따라 물리적 환경 및 서비스의 수준을 기대할 수 있다.

2. 메뉴의 분류

1) 내용에 의한 분류

(1) 정식요리 메뉴

정식요리 메뉴table d'hôte menu : 타블 도트 메뉴란 'table of host'를 뜻하는 것으로, 여관이나 여인숙의 주인이 숙박하는 모든 고객에게 똑같은 음식을 정해진 가격에 제공하던 식사에서 유래된 것이다. 과거에는 주로 저급 레스토랑에서 많이 이용되었으나 현대에 와서는 런치와 디너 메뉴 또는 웨딩과 같은 연회 메뉴로 이용되고 있다.

레스토랑 입장에서의 장점은 신속한 서비스로 좌석 회전율turnover rate을 높일 수 있고 식자재와 메뉴의 관리가 용이하여 원가가 절감된다는 것이며, 반면 가격 변화에 대처할 수 있는 유연성이 결여되어 있다는 단점이 있다. 고객 입장에서의 장점은 가격이 메뉴를 각각 따로 주문했을 때보다 상대적으로 저렴하고 주문하기 용이하지만, 선택의 폭이 좁은 것을 단점으로 들 수 있다. 경영자 입장에서는 원가절감, 메뉴관리 용이, 식자재 관리 용이, 좌석 회전율 증가, 인건비 감소가 있다. 단점은 시장 상황에 따라 탄력적으로 대응하기가 어려우며, 종업원의 능력 계발 기회가 결여된다.

Chef Tasting Menu
net 120,000

Pan-seared Foie-gras, Sea Scallops with Aged Ginseng-balsamic
팬에서 구운 거위간, 관자구이와 인삼-발사믹 소스
***

Covered Traditional Lobster Bisque
바다가재 비스크
***

Sorbet of the Day
셔벳
***

Char-grilled Beef Tenderloin, Abalone Steak with Black Truffle Au-jus
송로버섯 소스를 곁들인 한우 안심구이와 마늘 향의 전복 스테이크
***

Caesar salad
시저 샐러드
***

Blue-berry Yogurt Ice-cream, Lemon Cream Cheese Cake
레몬 크림치즈 케익, 블루베리 요거트 아이스크림
***

Coffee or tea
커피 또는 차

그림 1-3 정식요리 메뉴

출처 : 이지웅 셰프

표 1-1 정식요리의 장 · 단점

경영자		고객	
장점	단점	장점	단점
• 대량구매에 따른 원가 절감 • 메뉴관리 용이 • 식자재 구매, 검수, 저장 등 관리가 용이	• 시장 상황에 탄력적 대응이 어려움 • 종업원의 능력 계발 기회 결여	• 선택과 주문이 용이 • 각각 주문할 때보다 저렴한 가격	• 창의적인 메뉴와 서비스 결여 • 메뉴 품목의 수 제한 • 고객의 선택의 폭 제한

(2) 일품요리 메뉴

일품요리 메뉴à la carte menu : 알 라 카르트 메뉴는 일반적으로 전채, 수프, 생선 · 해산물, 주 요리, 샐러드, 샌드위치, 후식 등으로 구성되어 있어, 고객이 원하는 품목만을 선택하여 그 품목에 대한 가격만을 지불하는 형태의 메뉴이다.

한국의 경우는 일반적으로 시간 전개형의 코스로 식사하는 문화가 아니라 공간 전개형의 한상차림 식사 형태를 가지고 있으므로 일품요리 메뉴의 형태를 주로 볼 수 있다.

레스토랑 입장에서의 장점은 객단가를 높일 수 있지만, 단점은 식자재와 메뉴의 관리가 어렵다는 점이

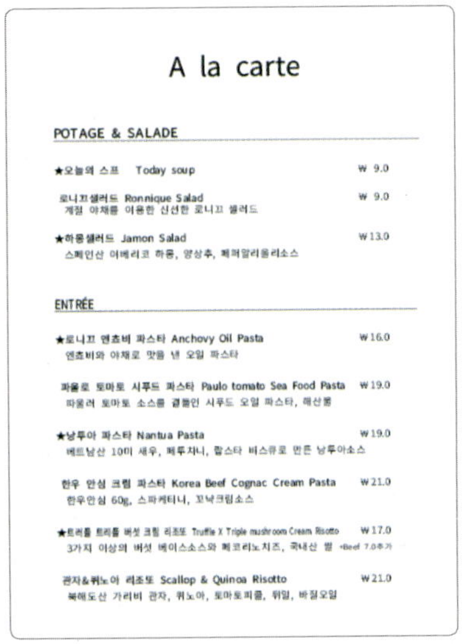
A la carte

POTAGE & SALADE

★오늘의 스프 Today soup ₩ 9.0

로니끄샐러드 Ronnique Salad ₩ 9.0
계절 야채를 이용한 신선한 로니끄 샐러드

★하몽샐러드 Jamon Salad ₩13.0
스페인산 이베리코 하몽, 양상추, 페퍼알리올리소스

ENTRÉE

★로니끄 엔초비 파스타 Anchovy Oil Pasta ₩16.0
엔초비와 야채로 맛을 낸 오일 파스타

파울로 토마토 시푸드 파스타 Paulo tomato Sea Food Pasta ₩19.0
파울러 토마토 소스를 곁들인 시푸드 오일 파스타, 해산물

★낭투아 파스타 Nantua Pasta ₩19.0
베트남산 10미 새우, 페투치니, 랍스타 비스큐로 만든 낭투아소스

한우 안심 크림 파스타 Korea Beef Cognac Cream Pasta ₩21.0
한우안심 60g, 스파게티니, 꼬냑크림소스

★트러플 트리플 버섯 크림 리조또 Truffle X Triple mushroom Cream Risotto ₩17.0
3가지 이상의 버섯 베이스소스와 페코리노치즈, 국내산 쌀 +Beef 7.0추가

관자&퀴노아 리조또 Scallop & Quinoa Risotto ₩21.0
북해도산 가리비 관자, 퀴노아, 토마토피클, 타임, 바질오일

그림 1-4 일품요리 메뉴

출처 : 로니끄(Ronnique)

표 1-2 일품요리의 장 · 단점

경영자		고객	
장점	단점	장점	단점
• 객단가를 높일 수 있음 • 가격 변화 요인에 대처하는 유연성이 좋음 • 메뉴 개발을 통해 창의성 표현 가능	• 메뉴관리가 어려움 • 메뉴 개발이 자주 필요함 • 인건비 높음 • 원가 상승 • 이윤의 불안정 • 홀 직원의 전문화 필요함	고객의 선택의 폭이 넓음	• 정식요리 메뉴에 비해 단품 메뉴의 가격이 비쌈 • 메뉴 지식이 없는 고객은 선택이 어려움

다. 고객 입장에서의 장점은 선택의 폭이 넓지만, 단점은 정식요리 메뉴에 비해 단품 메뉴의 가격이 비싸고 주문하기가 쉽지 않다는 점이다.

(3) 혼합 메뉴

혼합 메뉴combination menu는 정식요리 메뉴와 일품요리 메뉴의 장점만을 혼합한 메뉴로 최근 들어 사람들이 많이 선호하는 메뉴이다.

이 메뉴의 특징은 다음과 같다.

- 가격과 포션portion의 조정으로 식자재 원가상승에 즉시 대처 가능하다.
- 일품요리 메뉴와 정식요리 메뉴의 혼합으로 객단가를 높일 수 있다.
- 식자재관리가 일품요리 메뉴보다 용이하다.

LUNCH SET MENU
Net 45,000

GREEN SALADS
Truffle, Enoki, Shitake
버섯

POTATE & LEEK SOUP
Potato, Bacon, Parmesan
대파

PORK (P) Maple, Mustard, Cipollini 돼지 안심	1++ HANWOO STRIPLOIN (A) Celeriac, Espresso, Chocolate 한우 등심	SURF & TURF (A)(S) Lobster, Saffron, Swiss Chard 한우 안심과 랍스터
+ 0	+ 10,000	+ 22,000

APPLE
Cranberry, Brie, Collagen
사과

COFFEE

그림 1-5 혼합 메뉴

2) 제공 시간에 따른 분류

(1) 아침 메뉴

아침 메뉴breakfast는 보통 아침 6 : 00~10 : 30에 제공되는 메뉴로 유래된 지역에 따라 미국식, 유럽식, 영국식, 비엔나식으로 구분된다. 일반적으로 우리나라 호텔에서 제공될 경우는 주로 샐러드, 달걀요리에 햄, 베이컨, 소시지와 해시브라운감자hashed brown potatoes가 곁들여지며, 페이스트리pastry와 빵에 마멀레이드marmalade, 버터, 꿀 등이 곁들여지고, 와플waffle과 팬케이크pancake, 프렌치 토스트French toast와 팬케이크 시럽, 시리얼, 치즈, 과일, 우유, 커피, 홍차가 제공된다.

① 미국식 조식

미국식 조식American breakfast은 각종 음식이 다채롭게 제공되는 것이 특징이다. 달걀요리와 주스, 토스트, 햄, 베이컨, 소시지, 프라이드 포테이토, 콘플레이크, 우유 등을 선택해서 먹는 식사이다.

② 유럽식 조식

유럽식 조식continental breakfast은 미국식에 비해 간단하게 제공되는 것이 특징이다. 달걀요리와 곡류가 포함되지 않고 빵과 커피, 우유 정도로 간단히 하는 식사이다. 유럽에서 인기 있는 식사로서 호텔 내에서는 객실요금에 아침식사 요금이 포함되어 있다. 주스, 빵, 음료, 커피 등이 주로 제공된다.

그림 1-6 미국식 조식

그림 1-7 유럽식 조식

③ 영국식 조식

영국식 조식English breakfast은 미국식 조식과 같으나 훈제요리나 지역에 따라 생선요리fish가 추가되는 것이 특징이다.

④ 비엔나식 조식

비엔나식 조식Vienna breakfast은 간단한 달걀요리와 롤빵, 커피나 우유가 제공되는 식사를 말한다.

(2) 브런치

브런치brunch는 아침과 점심의 중간에 제공되는 식사 형태인데, 주로 늦게 일어나 아침식사 시간을 놓치거나 아침을 먹지 않는 사람들을 위해 제공되는 메뉴이다. 현대 도시생활인에게 적용되는 식사 형태로서 미국 식당에서 많이 이용되고 있다.

그림 1-8 브런치

10 : 00~14 : 30에 제공되며, 조식에 제공되는 달걀요리와 점심에 제공되는 메뉴가 포함된다.

(3) 점심 메뉴

점심 메뉴lunch or luncheon는 보통 정오에 하는 식사이다. 점심은 저녁보다 가볍게 먹으며, 3~4코스수프, 앙트레, 디저트, 커피 등로 구성된다. 바쁜 직장인을 위해 셰프 샐러드chef's salad, 샌드위치sandwich 등 간편한 것이 제공되기도 한다.

(4) 저녁 메뉴

저녁 메뉴dinner menu는 매우 다양하며 가격도 비싼 것이 특징인데, 주류가 제공되어 수익 증대에 기여하기도 한다. 일품요리 메뉴와 정식요리 메뉴의 혼합으로 4~5코스에서 5~6코스로 제공되며, 하루의 식사 중 가장 화려하고 분위기 있는 식사로서 음료와 주류도 함께 마신다. 식당 경영 측면에서는 고객의 욕구 충족과 수익 확보 차원에서 저녁 메뉴 구성에 철저함을 기하여야 한다.

(5) 서퍼

서퍼supper는 본래 공식적인 만찬식을 의미하였으나 근래에는 늦은 저녁에 먹는 밤참으로 제공되는 것을 말한다. 늦게 끝나는 음악회나 연주회 등 각종 모임이 끝난 후 제공되는 간단한 식사로 그 의미가 변하고 있다. 수프나 샌드위치, 음료, 소시지 등 소화에 부담이 되지 않는 메뉴를 제공한다.

3) 메뉴의 제공 기간에 따른 분류

메뉴가 바뀌는 빈도에 따라 메뉴를 분류하면 일정 기간 동안 메뉴가 바뀌지 않고 반복적으로 제공되는 고정 메뉴static menu와 일정한 간격을 두고 주기적으로 바뀌는 순환 메뉴cycle menu로 분류할 수 있다.

(1) 고정 메뉴

한번 작성되면 일정 기간6개월~1년 제공되는 메뉴로 '상시 메뉴all year round menu'라고도 불리며 일품요리 메뉴, 정식요리 메뉴, 그리고 혼합 메뉴를 모두 포함한다. 이들 메뉴는 일정 기간 계속 사용하기 때문에 메뉴판의 표지, 종이의 질 등 외형의 내구성이 중요하다.

고정 메뉴는 고객의 수시 주문에 대비해야 하므로 고객의 메뉴별 예상 구매량sales mix을 염두에 두고 식재료의 전처리, 중간 가공과 원자재 준비가 되어야 한다. 업장에서는 조리와 서비스를 제공할 인원들이 사용될 식재료의 양을 파악하여 최소 비축량과 최대 비축량 리스트를 만든다. 예약 상태, 요일별 영업 특성, 일기예보, 주위의 각종 행사 등을 고려하여 식재료 예상 구매를 파악하여 영업 중에 식재료 부족

표 1-3 고정 메뉴의 장 · 단점

장점	단점
• 반복을 통한 생산성 향상 • 대량구매로 인한 원가절감 • 빠른 서비스 • 메뉴관리 용이	• 고객의 취향에 유연한 대응이 어려움 • 고객을 경쟁업체에 뺏길 수 있음

이 발생하지 않도록 한다. 동시에 과다한 식재료 비축으로 관리의 어려움과 재료비의 이자 비용 상승이 발생하지 않도록 관리하는 것이 필요하다. 식재료가 공급되지 않는 주말과 국경일이 포함되어 있을 경우 최대 일주일 분량의 식재료가 비축되어 있어야 한다. 식재료의 비축량은 공급 시장의 조건과 함께 영업장의 좌석 수, 고객의 수준이 고려된다.

메뉴의 판매와 관련된 자료는 일별로 기록 관리되어야 한다. 메뉴 엔지니어링을 위한 1개월 단위 개별 메뉴의 판매 분석 결과는 식재료 구매 자료로 활용된다.

고정 메뉴의 장점은 같은 메뉴만을 반복하여 조리하기 때문에 생산성이 높아지고, 원가가 절감된다. 즉, 반복 생산에 의해 조리원의 능률이 향상되며, 대량구매에 따라 저렴한 가격으로 식재료를 구매할 수 있게 된다. 또한 일정 기간 같은 아이템만을 생산하고 제공하기 때문에 쉽게 숙달될 수 있어 빠른 서비스가 가능하다.

반면에 고정 메뉴의 단점은 고객의 취향에 유연하게 대응할 수 없다는 점이다. 같은 메뉴만 제공하기 때문에 새로운 메뉴로 고객의 취향에 신속하게 반응하지 못하므로 경쟁 레스토랑에 고객을 놓칠 수 있게 된다. 단골고객에게 다양성을 주기 위해 그날의 요리daily special를 제공할 수 있다. 또한 단일 품목을 가지고 있는 레스토랑의 경우 계절에 따라 단일 품목을 보완할 수 있는 메뉴를 첨가함으로써 고객의 선택범위를 넓혀 줄 수 있다.

(2) 순환 메뉴

사전에 여러 종류의 메뉴를 작성하여 사용 시기를 일주일, 한 달 등 일정한 기간에 다시 제공하는 메뉴를 순환 메뉴라 한다.

초·중·고등학교와 대학교, 병원, 군대, 감옥, 직원식당과 같이 특정고객captive clientele을 상대로 많이 운영된다. 뷔페 메뉴buffet menu는 기본 구성 메뉴를 순환 메뉴로 작성하고 시장 메뉴maket menu를 혼합하여 운영하는 형태이다. 식품의 종류, 조리 방법, 식이와 영양 요구를 충족시켜야 한다.

순환 메뉴는 같은 재료라도 색상, 텍스처, 맛, 형태를 다양하게 해야 한다.

표 1-4 순환 메뉴의 예시

월	화	수	목	금
1	2	3	4	5
차조밥 호박된장찌개 생선가스/소스 시금치무침 김치, 우유	옥수수밥 어묵다시마국 닭볶음탕 콩자반 김치, 우유	개천절	잡곡밥 돈육김치찌개 오징어숙회 호박고로케 오이지무침, 우유	서리태콩밥 들깨무채국 잡채 멸치아몬드볶음 김치, 우유
8	9	10	11	12
현미밥 닭곰탕 깐소새우 깻잎나물 김치, 우유	보리밥 토란탕 조기튀김 참나물무침 김치, 우유	카레라이스 어린이치즈 과일 김치 우유	기장밥 바지락살미역국 돈육두루치기 감자채볶음 김치, 우유	녹두밥 시래기된장국 마파두부 고구마줄기볶음 김치, 우유 요구르트

표 1-5 순환 메뉴의 장 · 단점

장점	단점
• 메뉴의 수요 예측 용이 • 식재료 재고의 감소 • 식재료의 효율적 통제	• 숙련된 인력의 요구 • 인건비 상승

(3) 주기적 메뉴

주기적 메뉴cyclical menu는 특정 기간이나 계절을 단위로 고객에게 제공되는 메뉴로 주기적 메뉴를 이용하면 메뉴의 다양성을 추구할 수 있다. 주기적 메뉴는 추석, 크리스마스와 같은 명절에, 또는 여름과 같이 특정 계절에 반복적으로 제공되는 메뉴로 역시 메뉴의 다양성을 위해 사용된다. 시기음식, 명절음식과 계절음식을 포함하며, 여름철 특선요리로 냉면이나 삼계탕을 제공하고, 매년 크리스마스 특선요리를 제공하는 것이 좋은 예이다.

표 1-6 주기적 메뉴의 예

월	명절 및 절기명	음식의 종류
1월	설날	떡국, 만두, 편육, 전유어, 육회, 느름적, 떡찜, 잡채, 배추김치, 장김치, 약식, 정과, 강정, 식혜, 수정과
	대보름	오곡밥, 김구이, 아홉 가지 묵은 나물, 유밀과, 원소병, 부럼, 나박김치
2월	중화절	약주, 생실과(밤, 대추, 건시), 포(육포, 어포), 유밀과
3월	삼짇날	약주, 생실과, 포, 절편, 진달래화전, 조기면, 탕평채, 화면, 진달래화채
4월	초파일(석가탄신일)	느티떡, 쑥떡, 양색주악, 생실과, 미나리강회, 화채(가련수정과, 순채, 책면), 도미회, 도미찜
5월	단오(오월 오일)	증편, 수리취떡, 생실과, 앵두편, 앵두화채, 준치만두, 준치국
6월	유두(유월 보름)	편수, 깻국, 어채, 구절판, 밀쌈, 생실과, 보리수단, 화전(봉선화, 감꽃잎, 맨드라미), 복분자화채, 떡수단
7월	칠석(칠월 칠일)	깨찰편, 밀설기, 주악, 규아상, 흰떡국, 깻국탕, 영계찜, 어채, 생실과, 열무김치
	삼복	육개장, 잉어구이, 오이소박이, 증편, 복숭아화채, 복죽
8월	한가위(팔월 보름)	토란탕, 닭찜, 송이산적, 햅쌀밥, 나물, 생실과, 밤단자, 배화채, 배숙
9월	중앙절(구월 구일)	감국전, 밤단자, 화채(유자, 배), 생실과, 국화주
10월	무오일	무시루떡, 무오병, 유자화채, 생실과
11월	동지	팥죽, 동치미, 생실과, 경단, 식혜, 수정과, 전약
12월	그믐	골무병, 주악, 정과, 식혜, 수정과, 떡국, 만두, 골동반, 완자탕, 갖은전골, 장김치

(4) 시장 메뉴

시장 메뉴market menu는 매일 또는 주별로 계절성 있는 재료를 이용하여 제공되는 메뉴이다. 요즘 고객들은 새로운 메뉴 개발, 짧은 주기에 의한 메뉴 교체를 원한다. 호텔에서는 오늘의 특선요리daily special menu, 금주의 요리weekly menu, 주방장 추천요리chef's recommendation와 같은 메뉴를 제공하기도 한다.

아침 시장에서 구입한 제철 생선, 채소 등을 이용하여 상시 메뉴all year round menu에 싫증이 난 고객에게 신선하고 계절에 따른 최고의 요리를 제공할 수 있다. 과일, 채소, 고기의 특정 부위, 가금류 등을 계절성과 수확 시기를 최대로 활용하여 시장 메뉴를 선보임으로써 고객에게는 만족감을 증가시키고 해당 업소에는 원가절감으로 수익을 증가시킬 수 있다. 가공식품의 발달, 급속냉동법의 발달로 1년 내내 모든 식재료로 요리하는 것이 가능해졌지만, 여전히 그 계절에만 생산되는 재료의 특성을 활용한 요리는 고객에게 매력적인 아이템이다.

그림 1-9 봄철 돌문어를 활용한 샐러드
출처 : 로니끄(Ronnique)

시장 메뉴는 환경에 관심이 많은 소비자를 위한 마케팅 도구로도 이용된다. 시장 메뉴는 그 지역에서 그 시기에 나는 재료로 만든 요리로 이동 거리가 짧고 재배를 위한 에너지가 적게 들어 환경에 이롭기 때문이다. 영국의 한 친환경 레스토랑에서는 메뉴판의 생선요리 부분에 정해진 생선의 종류를 적어 놓지 않고 '그날의 생선'이라고 명기하여 그날 그 지역 시장에 나온 생선을 이용한다는 것을 고객들에게 알려 줌으로써 환경을 의식하는 고객층에게 좋은 인상을 준다.

시장 메뉴의 장점은 저렴하고 품질 좋은 재료를 적시에 구입하여 원가절감과 품질관리를 할 수 있고 고객에게 메뉴의 다양성과 건강을 제공한다는 점이다. 단점으로는 고객의 기대를 충족할 수 있도록 메뉴 개발에 대한 창의력이 끊임없이 요구된다는 점이다.

(5) 구두추천 메뉴

구두추천 메뉴verbal menu는 메뉴판에 표기되어 있지는 않지만, 내부 미팅을 통하여 계절적으로 특징 있는 메뉴, 품질 좋은 식재료가 대량으로 반입될 때 작성된 메뉴 등을 전략적으로 판매하기 위하여 고객에게 특정한 메뉴를 우선 추천하는 메뉴를 말한다.

이는 판매를 높이기 위해 이루어지는 마케팅의 한 방법으로 프린트 메뉴에 포함되어 있지 않은 메뉴를 서버가 설명해 주면서 업셀링upselling이 가능하지만, 구두추천 메뉴가 너무 많으면 고객이 다 기억하지 못해 주문에 어려움을 겪는 단점이 있다. 구두추천 메뉴를 사용하기 위해서는 서버가 잘 교육되어 레스토랑의 음식에 대해 잘 파악하고 있어야 한다.

위에서 분류된 고정 메뉴, 순환 메뉴, 주기적 메뉴, 시장 메뉴, 구두추천 메뉴 등은 레스토랑의 특성에 따라 두 가지 형태 이상씩 함께 사용되었을 때 다양성이 증가된다. 고정 메뉴에는 클립온 메뉴clip-on specials : 기존 메뉴에 클립을 끼워 첨부한 메뉴, 보드에 쓴 메뉴chalkboard specials 등의 형태로 주기적 메뉴와 시장 메뉴 등이 함께 사용될 수 있고 구두추천 메뉴 형태도 추가로 사용될 수 있다.

한편, 밀러Miller에 따르면 통계상 아무리 메뉴 아이템이 많아도 8~12개의 아이템이 집중적으로 판매되는 경향이 있으므로 레스토랑에서 판매되는 메뉴 아이템을 적정 수준에서 줄이는 것이 필요하다. 메뉴 수가 많으면 식자재 재고관리의 어려움과 사전 영업 준비에 따른 인력 및 재료 낭비를 가져올 수 있다. 따라서 메뉴 수를 줄이면 음식의 생산과 제공이 빨라져 단위 시간당 매출을 증대시킬 수 있다.

고객이 적정 수준에서 메뉴를 선택할 수 있도록 아이템 수의 조화를 이루는 것도 고려해야 한다.

4) 행사 메뉴

웨딩, 회갑연 등 특별한 행사가 있을 때 행사식으로 쓰이는 연회 메뉴로 사전에 예약된 고객에게 코스 메뉴, 뷔페 메뉴, 칵테일 메뉴 등의 형태로 제공된다. 외부 연회 행사를 위해 출장연회도 실시한다. 행사 메뉴는 고객의 특별한 요구에 따라 메뉴

그림 1-10 행사 메뉴 예시
출처 : wikimedia commons and flickr

가 만들어지는데, 고객의 요구에 맞고 예산에 맞는 메뉴라 할지라도 식재료비가 적게 드는 대신 노동력이 과도하게 요구되는지를 확인해야 하며 장비나 직원의 능력을 고려해서 메뉴 아이템을 선정해야 한다.

5) 메뉴의 구성

(1) 고전 메뉴와 현대 메뉴

일반적으로 서양 음식에서는 프랑스 음식의 구성을 기준으로 메뉴의 코스를 정하는 경향이 있다. 한식 세계화를 위해 공간 전개형이 아닌 시간 전개형으로 메뉴를 구성할 때에도 프랑스식 메뉴 구성을 기준으로 하게 되면 자연스럽다. 프랑스 메뉴 구성은 고전 메뉴가 간략화되면서 현대 메뉴의 구성으로 확립되었다.

표 1-7 고전 메뉴

메뉴 순서	영어	프랑스어
냉전채	cold appetizer	hors d´oeuvre froid
수프	soup	potage
온전채	warm appetizer	hors d´oeuvre chaud
생선	fish	poisson
온육류	warm meat	entrée chaud
냉육류	cold meat	entrée froid
셔벗	sherbet	sorbet
로스트와 온채소	roast meat & boiled vegetable	roti avec legume
샐러드	salad	salade
온후식	warm dessert	entrée de douceur chaud
냉후식	cold dessert	entrée de douceur froid
생과일 또는 조림과일	fresh fruit or stewed fruit	fruit ou compot
치즈	cheese	fromage
식후 음료	beverage	boisson

표 1-8 현대 메뉴

메뉴 순서	영어	프랑스어
전채요리	appetizer	hours d´oeuvre
수프	soup	potage
생선	fish	poisson
셔벗	sherbet	sorbet
주 요리	meat	entrée
치즈	cheese	fromage
후식	dessert	douceur
식후 음료	beverage	boisson
초콜릿	chocolate	praline

(2) 메뉴의 구성

① 전채요리

전채요리appetizer : hors d'oeuvre는 가장 먼저 제공되는 요리로 식욕을 돋궈주는 소품요리小品料理를 말하며, 식욕촉진제란 의미이다. 러시아에서 연회 전 별실에서

그림 1-11 미국 레스토랑협회(NRA)에서 2018년 트렌드로 지목한 한 입 크기 에피타이저(bite size appetizer)

출처 : google, pixabay

기다리는 고객에게 식전주aperitif와 함께 자쿠스키zakuski : 러시아식 전채요리나 카나페canape를 제공한 데서 유래한다.

전채요리의 특징은 주 요리와 균형이 맞고 풍미가 있어야 하며, 분량이 적어야 하고, 짠맛 · 신맛 · 쓴맛이 곁들여져 식욕을 돋구는 역할을 한다. 또한 계절감과 지방색이 있어야 한다.

② 수프

수프soup : potage는 주 요리 전에 제공되며 양이 적고 영양적 측면을 고려한 요리이다. 수프의 종류는 농도에 따라 맑은 수프clear soup, 진한 수프thick soup로 나뉘며, 일반적으로는 따뜻하게 먹지만 찬 수프cold soup도 있다.

맑은 수프에는 콩소메consomme, 브로스broth, 맑은 채소수프clear vegetable soup가 있고, 진한 수프에는 포타주potage, 퓌레purée, 차우더chowder, 비스크bisque 등이 포함된다. 찬 수프cold soup에는 과일수프, 가스파초gazpacho 등이 있다.

그림 1-12 콩소메
출처 : flickr

그림 1-13 가스파초
출처 : wikimedia commons

③ 생선

세 번째 생선fish : poisson요리 코스에는 생선, 어패류 등이 많이 사용된다. 육류보다 연하므로 육류 전에 제공하지만 메뉴 작가나 고객의 취향에 따라 생선이 제공되면 앙트레entrée는 육류를 제공하고, 세 번째 코스에 가금류를 사용하면 앙트레에는 생선이 제공되기도 한다.

생선요리의 특징은 섬유질이 연하고 열량이 적으며, 비타민 함유량이 풍부하

그림 1-14 연어스테이크
출처 : pixabay

그림 1-15 달팽이요리
출처 : wikimedia commons

고, 부패하기 쉬우므로 보관에 주의가 필요하다. 일반적으로 바다 생선sea fish, 민물 생선fresh fish, 패류shell fish, 갑각류crustacean, 식용 개구리frog's leg와 달팽이snail : escargot로 구분한다.

④ 셔벗

셔벗sherbet : sorbet은 과일즙에 설탕을 혼합하여 얼린 것으로 생선 코스에 남아 있는 비린 맛을 제거하여, 주 요리 특유의 맛을 즐기기 위해 입 안을 깨끗이 하는 역할을 한다.

그림 1-16 셔벗
출처 : wikimedia commons

그림 1-17 딸기셔벗과 초코브라우니
출처 : 이지웅 셰프

⑤ 주 요리(meat : entrée)

육류요리는 정찬의 중간에 제공되는 요리를 칭하며, 최근에는 앙트레라는 개념으로 육류 외에 밥류볶음밥, curry rice 등, 면류noodle, pasta 등, 샐러드로 대체하기도 한다.

그림 1-18 흑색 육류 양고기스테이크
출처 : 이지웅 셰프

그림 1-19 해산물 파스타
출처 : 이지웅 셰프

육류는 색에 따라 다음과 같이 분류된다.

- 백색 육류white meat : 송아지고기, 가금류, 어린 돼지고기, 토끼고기, 어린 염소고기
- 흑색 육류dark meat : 쇠고기, 양고기, 야생 가금류

⑥ 샐러드

샐러드salad : salade의 채소는 비타민 A와 C의 함유량이 풍부하며, 알칼리성이므로 산성인 육류와 조화가 잘되어 소화 촉진과 영양이 고려된 요리이다. 여러 종류의 드레싱dressing과 곁들여 제공된다. 샐러드는 라틴어 'sal소금'에서 유래된 용어로 주재료인 채소에 소금을 가미한 것이라는 의미이다.

샐러드는 다음과 같이 구분된다.

그림 1-20 연어샐러드
출처 : 정우성 셰프

그림 1-21 흑임자묵을 곁들인 대하샐러드
출처 : 이지웅 셰프

- 잎 샐러드leaf salad : 각종 채소의 잎사귀 부위로만 만든 샐러드
- 뿌리 샐러드raw vegetables salad : 뿌리 채소를 곁들여 만든 샐러드
- 육류 샐러드heart salad : 찬 육류를 곁들여 만든 샐러드
- 해산물 샐러드seafood salad : 조리한 해산물을 곁들여 만든 샐러드

미국식에서 주 요리가 스테이크인 경우 뜨거운 채소가 부족한 경우를 대비해 샐러드를 제공하지만, 프랑스식에서는 주 요리에 뜨거운 채소만 곁들여지고, 샐러드는 별도로 제공되지 않는다. 따라서 샐러드는 별도의 코스 메뉴가 아니라 주 요리에 부속된 품목이다.

⑦ 후식

후식dessert : douceur은 주 요리 다음으로 제공되며 단맛이 함유된 요리이다. 먹는 온도에 따라 더운 후식과 찬 후식으로 구별된다. 종류에는 아이스크림ice cream, 셔벗sherbet, 색상이 조화되도록 모양을 만들어 얼린 아이스크림인 카사타cassata, 파르페parfait, 무스mousse, 케이크cake, 푸딩pudding, 파이pie, 브륄레bruûlée, 프리타fritter, 수플레souffle, 그라탱gratin, 크레페crêpe, 티라미수tiramisu, 바바루아bavaroie, 과일 등이 있다.

그림 1-22 아이스크림
출처 : 이지웅 셰프

그림 1-23 아몬드 튀일(tuile)을 곁들인 아이스크림
출처 : 이지웅 셰프

⑧ 식후 음료

식후 음료beverage : boisson는 식사 후 고객의 소화를 도우며 대화의 시간을 제공

그림 1-24 데미타스
출처 : 카페 인프라

그림 1-25 브랜디
출처 : flickr

한다는 의미에서 준비한다. 커피의 경우 식후에 마시므로, 커피의 양이 적은 반 잔이라는 의미의 데미타스demi tasse를 마시는데, 에스프레소와 유사한 형태이다. 브랜디는 식사 후에 자리를 옮겨 담소를 나누면서 마신다. 식전주가 식전에 마시며 식욕을 돋궈 주는 술이라면 식사 후 소화를 도와주기 위해 마시는 식후주도 있다.

⑨ 초콜릿

초콜릿chocolate이나 프랄린praline : 초콜릿 속에 럼, 코냑, 시럽, 너츠류 등을 넣은 것은 음료 후에 입 안에 초콜릿의 쓴맛이 나도록 하여 식사를 마무리하는 목적으로 코스의 마지막에 배치한다.

그림 1-26 초콜릿
출처 : 이지웅 셰프

그림 1-27 프랄린
출처 : pixabay

CHAPTER

02 메뉴 계획

1. 메뉴 계획 | 2. 메뉴 계획 모형 | 3. 호텔 조리부의 메뉴 개발 절차
4. 위탁급식회사의 메뉴 개발 절차 | 5. 외식업체의 메뉴 개발 절차 | 6. 메뉴 아이템 수명주기

CHAPTER

02

학습목표

1. 메뉴 계획 시 고려사항을 설명할 수 있다.
2. 메뉴 작성 시 균형, 장식, 프레젠테이션 등을 고려한 유의사항에 대해 설명할 수 있다.
3. 호텔조리부, 외식사업체, 단체급식회사의 메뉴 개발 전략을 이해하고 현장에 적용할 수 있다.
4. 메뉴 아이템 수명주기를 각 단계별로 구분하고, 제품 수명주기에 따른 마케팅 방법을 적용할 수 있다.

1. 메뉴 계획

1) 메뉴 계획의 의의

메뉴 계획이란 다양한 고객층의 욕구에 따라서 음식을 생산·제공하며, 이윤 창출을 위한 원가관리 및 새로운 메뉴 개발과 적정 가격결정을 통해 고객에게 만족을 제공하는 일련의 업무를 말하는 것이다. 효율적인 업무를 위하여 전반적인 과정이 계획되고 관리된다.

메뉴 계획은 연간 지속적으로 이루어지는데, 새롭고 창의적인 메뉴가 끊임없이 개발되어 고객에게 제공된다. 판매량잔반량, 수익률, 연령층 등의 세부 자료는 기록 관리되는데, 차후 신규 메뉴 계획에 반영될 수 있게 하려면 메뉴 계획은 지속적으로 이루어져야 한다.

성공적인 메뉴 계획을 위해서는 경쟁업체에서 제공되고 있는 메뉴의 품질과 가격을 고려해야 하며, 계절적인 식재료, 국내·외에서 생산되는 재료를 적절히 활용한 메뉴를 제공하여 레스토랑의 품격과 고객층의 요구를 만족시키기 위한 전략도 병행되어야 한다. 메뉴 계획은 내부 요인과 외부 요인으로 구분되는데, 내부 요인에는 매출, 식재료 활용, 시설 및 설비 활용, 조리 숙련도 등이 있으며 외부 요인은 사회·문화적 요인, 기술적 요인, 경쟁적 요인, 고객의 니즈, 법률 및 제도적 요인 등이 있다.

(1) 사회·문화적 요인

사회·문화적 요인의 대표적인 예로는 인구, 연령, 성별, 수입, 직업, 교육, 결혼 등과 같은 인구통계학적 요인이 있으며 메뉴 계획을 하는데 매우 큰 중요성을 갖는다. 대표적인 예로 2019년 1인 가구의 비중이 30.2%614만 가구로 1년 사이에 약 30만 가구가 증가한 것으로 나타났다. 외식업체는 1인 세트 메뉴, 밀키트, 샐러드, 도시락, 배달음식 등과 같은 나홀로 식사혼밥를 위한 상품의 비중을 높이고 있으며, 유통망도 편의점, 온라인 마켓과 같이 1인 가구들이 편하게 이용할 수 있는 채널로 변하고 있다.

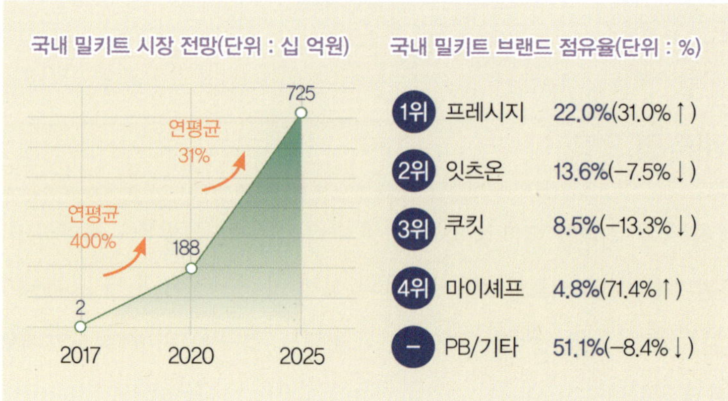

그림 2-1 국내 밀키드 시장 전망 및 브랜드별 점유율

출처 : atFIS 식품산업통계정보 식품산업 트렌드, 간편식(1)

Know 1

외식형태별 연도 추이

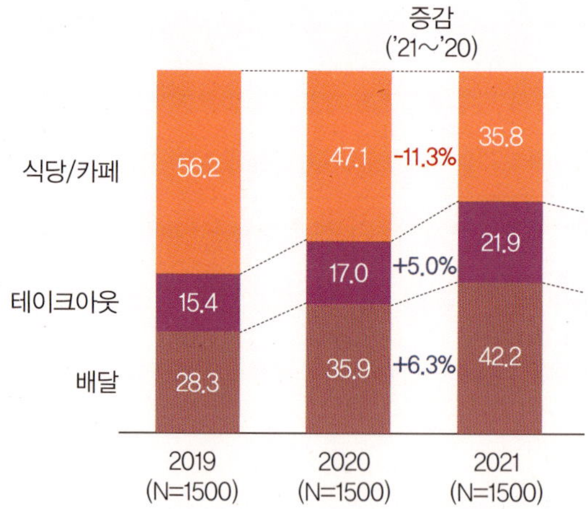

출처 : 오픈서베이(opensurvey) 배달서비스 트렌드 리포트 2021.05

(2) 기술적 요인

기술적 요인으로는 식품의 유통, 가공 · 포장 기술 등의 다양한 발전을 예로 들 수 있다. 가공 · 포장 기술의 발전으로 생산과 소비의 분리가 가능해져 유명 셰프의

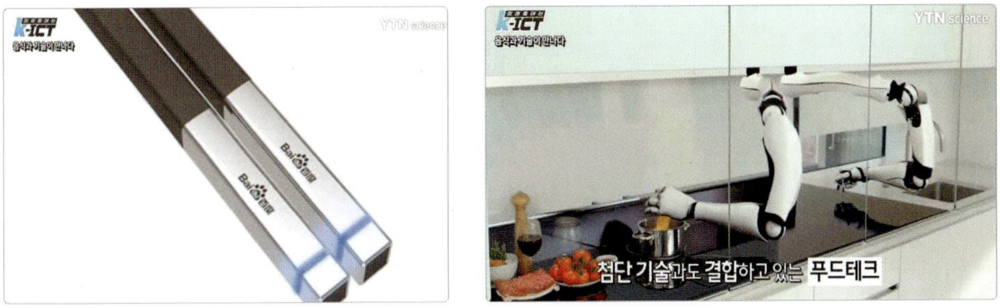

그림 2-2 푸드테크의 예

출처 : YTN science '음식과 기술이 만나다' 중

음식을 집에서도 즐길 수 있게 되었으며, 동결건조 기술의 발달로 우주인들의 장기간 우주 체류가 가능해졌다. 최근 3D 푸드 프린팅 기술의 발달로 다양한 형태의 식품 생산이 가능해지고 있으며 환경적인 요인과 접목되어 대체육 기술도 개발되고 있다. 그 밖에도 우수한 농기구를 통한 생산성이 증폭되어 식재료 공급이 가능해지고 삼성페이 · LG페이 · 카카오페이 등 간편 결제를 통한 소비 증대, 태블릿 PC를 통한 전자메뉴판, 배달앱 등 IT의 발전도 외식업계에도 큰 변화를 가져오고 있다. 또한 유통 기술의 발달로 위생적이고 신선한 음식 공급이 가능해졌으며 많은 기업이 식자재 공급을 위하여 지속적 기술 투자를 실시하고 있다.

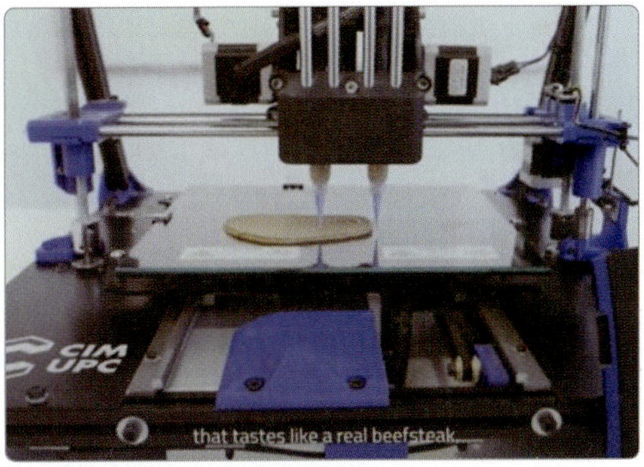

그림 2-3 3D 푸드 프린터를 활용한 스테이크 제작 과정

출처 : novameat 홈페이지

(3) 경쟁적 요인

타 산업에 비해 외식 관련 산업은 변화의 속도가 매우 빠르므로, 경영자들은 끊임없이 고객들의 니즈를 파악해야 경쟁업체에 비해 우위를 차지할 수 있다. 메뉴 품질의 질적 향상을 위하여 메뉴 개발 및 직장 내 교육OJT : On the Job Training이 필요하다. 단, 경쟁업체에 비해 우위를 점하는 과정에서 투자되는 비용과 예상되는 이익을 비교하여 현명한 투자가 필요하다.

(4) 법률 · 제도적 요인

① 외식산업진흥법

외식산업의 육성 및 지원에 필요한 사항을 정하여 외식산업 진흥의 기반을 조성하고 경쟁력을 강화함으로써 국민의 삶의 질 향상과 국민 경제의 건전한 발전에 이바지하는 것을 목적으로 한다(시행 2016. 1. 21, 법률 제13409호, 2015. 7. 20 일부개정). 외식의 전반적인 내용을 다룬 법으로 세부 항목으로는 창업의 지원, 외식산업 전문인력의 양성, 연구 · 개발 사업의 추진, 국제 교류 및 해외시장 진출 지원, 외식상품 표준화의 추진, 외식산업 통계의 작성 및 관리 등을 관리한다.

② 식품표시사항

정부 개입을 통한 식품표시제도는 고객의 알권리 및 선호에 부합하는 식품을 선

표 2-1 2021년 식품등의 표시기준

주제	표시내용
정보 표시면	식품유형, 영업소(장)의 명칭(상호) 및 소재지, 유통기한(제조연월일 또는 품질유지기한), 원재료명, 주의사항 등을 표시사항 별로 표 또는 단락 등으로 나누어 표시하되, 정보표시면 면적이 100cm² 미만인 경우에는 표 또는 단락으로 표시하지 아니할 수 있다
최소 판매 단위 포장	최소 판매단위 포장 안에 내용물을 2개 이상으로 나누어 개별포장(이하 "내포장"이라 한다)한 제품의 경우에는 소비자에게 올바른 정보를 제공할 수 있도록 내포장별로 제품명, 내용량 및 내용량에 해당하는 열량, 유통기한 또는 품질기한, 영양성분을 표시할 수 있다.
수입식품 안전관리	「수입식품안전관리 특별법」 제18조에 따른 주문자상표부착방식위탁생산(OEM, Original Equipment Manufacturing) 식품 등은 14포인트 이상의 글씨로 주표시면에 「대외무역법」에 따른 원산지 표시의 국가명 옆에 괄호로 위탁생산제품임을 표시하여야 한다(다만, 농 · 임 · 축 · 수산물로서 자연상태의 식품, 기구 또는 용기 · 포장과 유통전문판매업소가 표시된 제품은 제외한다).
주류	주류 이외의 식품에 알코올 식품이 아니라는 표현(예시: Non-alcoholic), 알코올이 없다는 표현(예시: Alcohol free), 알코올이 사용되지 않았다는 표현(예시: No alcohol added)을 사용하는 경우에는 이 표현 바로 옆 또는 아래에 괄호로 성인이 먹는 식품임을 같은 크기의 글씨로 표시하여야 한다. 다만, "비알코올(에탄올 1% 미만 함유, 성인용)", "Non-alcoholic(에탄올 1% 미만 함유, 성인용)", "무알코올(성인용)", "Alcohol free(성인용)", "알코올 무첨가(성인용)"과 같이 알코올 식품이 아니라는 표현을 사용하는 경우에는 "에탄올(또는 알코올) 1% 미만 함유" 를 같은 크기의 글씨로 함께 표시하여야 한다.

출처 : 식품의약품안전처, 식품표시광고정책과(2021. 2. 5. 시행)

택할 수 있도록 도와주는 제도이다. 고객이 안전하고 적정한 소비생활을 영위하기 위한 필수적인 사항이다. 생산자 입장에서는 사회의 질서 유지, 건전한 소비생활에 큰 영향을 미치며, 제품의 필수적인 정보를 제공함으로써 해당 제품의 특징을 강조한 마케팅 활동이 가능하다. 정부 입장에서는 고객과 생산자의 중간 입장에서 관리 주체로서의 역할을 한다.

③ 중소기업적합업종 선정

중소기업적합업종중기적합업종이란 대기업보다 중소기업이 사업하기에 적합한 업종, 품목을 선정하여, 대기업의 자율적 시장 진입 자제를 통해 중소기업과 대기업이 합리적으로 역할 분담을 하도록 유도하는 제도이다. '계란 도매업'의 내용을 보면 대기업은 등급란만 취급동물복지계란 제외이 가능하도록 권고하였다.

'중기적합업종' 중 음식점업에 대한 사례도 있으며 2017년 7월 1일부터 2020년 6월 30일까지로 음식점업은 7개 한식, 중식, 일식, 서양식, 기타 외국식, 분식 및 김밥, 그 외 기타 음식점업의 기준에서 대기업의 진입을 제한했다.

표 2-2 연도별 적합업종 현황 및 추이

최초 권고년도	업태 구분	업종 · 품목명
2011	제조	김치, 두부, 막걸리, 어묵, 장류4종, 전통떡, 햄버거빵, 조미김, 순대, 원두커피.
2012	제조	다류5종(녹차, 홍차, 율무차, 유자차, 기타가공차), 단무지, 도시락, 면류3종(국수, 냉면, 당면), 옥수수유, 앙금류.
2013	제조	기타 식사용 조리식품, 기타곡물가루(메밀가루)
	서비스	음식점업(한식, 중식, 일식, 서양식, 기타 외국식, 분식 및 김밥, 그 외 기타 음식점업)
2014	제조	떡국떡 및 떡볶이떡
2016	서비스	계란도매업
2021	제조	국수 냉면 제조업(생계형 적합업종)

출처 : 동반성장위원회. 중소기업 적합업종 권고사항 총괄 제64차(2020.12.10. 기준)

2) 메뉴 계획 시 고려사항

메뉴의 작성 시 레스토랑의 경영 과제는 원가절감을 통해 이윤을 추구하고 고객을 만족시키는 것이다. 따라서 메뉴 계획에는 레스토랑 본연의 계획에 부합한 콘셉트, 주제theme를 중심으로 입지, 상권, 목표시장positioning market, 고객의 연령, 소득 수준 및 선호 등에 대한 조사를 통해 고객의 욕구가 반영되어야 한다. 또한 경영 전략 실현을 위해서는 주방, 홀, 기획 또는 연구개발R&D : Research and Development 인원들의 협력을 통해 시장 분석, 메뉴 개발 계획을 통한 신메뉴 개발이 지속적으로 이루어져야 한다. 메뉴 계획 시 고려해야 할 사항은 다음과 같다.

(1) 고객의 성향이 반영된 메뉴의 사전 검토

레스토랑의 상권과 입지 조건은 메뉴를 결정할 때 가장 중요한 요소이다. 레스토랑이 도심지에 위치하고 있는지, 아니면 교외나 주택가에 위치하고 있는지에 따라서 메뉴 구성 방법은 달라질 수 있다. 상권과 입지 조건은 고객층을 결정하기 때

· 주중/주말, 요일별 일 평균 유동인구

지역	구분	주중/주말		요일별						
		주중	주말	월	화	수	목	금	토	일
분석영역	명	129,453	76,816	123,493	129,082	129,951	131,571	133,174	87,796	65,838
	비율	62.8%	37.2%	15.4%	16.1%	16.2%	16.4%	16.6%	11%	8.2%

· 시간대별 일 평균 유동인구

지역	구분	00~06시	06~11시	11~14시	14~17시	17~21시	21~24시
분석영역	명	3,559	36,356	20,449	21,266	25,038	8,942
	비율	3.1%	31.4%	17.7%	18.4%	21.7%	7.7%

· 직장인구

구분	전체	성별		연령별				
		남성	여성	20대	30대	40대	50대	60대이상
수	25,163	12,064	13,099	5,044	8,709	6,456	3,012	1,939
비율	100.0%	47.9%	52.1%	20.0%	34.6%	25.7%	12.0%	7.7%

그림 2-4 삼성역 주변 300m 반경 내 유동인구 및 직장인구 분석 결과결과(2021. 4. 기준)

출처 : 소상공인 상권정보시스템(http://sg.sbiz.or.kr)

문이다. 고객층을 지역별 · 연령별 · 소득별 · 성별로 세분화하여 차별화 전략을 구사한다.

메뉴는 이용 고객에 따라 어린이에게는 만화 메뉴, 일반인들에게는 그림을 도입하여 쉽게 음식을 이해할 수 있도록 한다. 전문적인 메뉴를 이해할 수 있는 층에게는 사용된 조리법, 주 재료, 재료의 품질, 제공되는 소스와 곁들임 음식 그리고 사용된 특별 재료들을 포함시켜 음식을 생산하는 주방과 고객 사이에 의사소통할 수 있도록 한다. 예를 들어, 직장인과 대학생은 서로 선호하는 메뉴 구성, 인테리어, 가격이 다르기 때문에 직장인이 많은 상권인가, 대학생이 많은 상권인가에 따라 그에 적합한 메뉴 계획이 되어야 한다.

기본적으로 고객층 분석을 위해서는 여러 상권정보시스템을 활용할 수 있다. 소상공인 상권정보시스템과 같은 무료로 운영되는 사이트를 참고한다.

(2) 시장성 파악

주변 환경의 메뉴 판매 상황을 파악하여 차별화 전략을 이루어 나가야 한다. 주

업종별 추이

단위 : 개, %

구분	업종	'19.06	'19.12	'20.06	'20.12	'21.04
분석업종	한식/백반/한정식	62	62 (-)	58 (▼ 6.5 %)	71 (▲ 22.4 %)	44 (▼ 38.0 %)
중분류	음식점 및 주점업	346	346 (-)	309 (▼ 10.7 %)	334 (▲ 8.1 %)	189 (▼ 43.4 %)
대분류	숙박·음식	354	354 (-)	315 (▼ 11.0 %)	344 (▲ 9.2 %)	198 (▼ 42.4 %)

지역별 추이

단위 : 개, %

지역	업종	'19.06	'19.12	'20.06	'20.12	'21.04
선택영역	한식/백반/한정식(강남구)	62	62 (-)	58 (▼ 6.5 %)	71 (▲ 22.4 %)	44 (▼ 38.0 %)
강남구		3,311	3,312 (▲ 0.0 %)	3,017 (▼ 8.9 %)	3,847 (▲ 27.5 %)	3,374 (▼ 12.3 %)
서울		28,569	28,596 (▲ 0.1 %)	26,704 (▼ 6.6 %)	35,153 (▲ 31.6 %)	33,652 (▼ 4.3 %)
전국		234,800	235,572 (▲ 0.3 %)	224,456 (▼ 4.7 %)	256,993 (▲ 14.5 %)	244,903 (▼ 4.7 %)

그림 2-5 삼성역 주변 300m 반경 내 한식 관련업 매장 수 추이 분석 결과

출처 : 소상공인 상권정보시스템(http://sg.sbiz.or.kr)

변에서 사라져 가는 메뉴인지, 아니면 현재 인기 있는 메뉴로서 경쟁력을 갖춘 메뉴인지에 대한 시장성 조사가 이루어져야 한다.

시장성도 소상공인 상권정보시스템을 통하여 기본적인 분석을 해 볼 수 있다. 그림 2-5는 삼성역 주변 300m를 분석한 결과 중 일부로, 선택한 업종의 수를 기간별로 알아볼 수 있으며, 전국과 선택 지역 및 관할구역의 업종 추이도 알아볼 수 있다. 또한 카드사 기준으로 매출에 대한 정보도 알아볼 수 있다.

(3) 경제성 고려

판매되는 가격은 개발된 메뉴의 참신성, 경쟁력 그리고 경쟁업체를 고려한 계획된 목표시장 가격이 반영되어 작성되어야 한다. 메뉴 구성의 목적은 원가절감을 통

비용입력

- 기존사업자에게는 경영상태 평가를, 예비창업자에게는 사업타당성 평가를 제공합니다.
- 기존사업자는 실제 발생하는 점포의 비용을 입력하시고 예비창업자는 창업 후 예상되는 비용 데이터를 입력하세요.

❶ 입력된 데이터는 각 업종별 표준 예시 데이터이므로 참고하시어 실제 데이터를 입력하시기 바랍니다.

★ 필수입력 데이터 지우기

물건정보			
임대면적	★ 40 평 0 제곱미터	실 면적	★ 32 평 0 제곱미터

초기 투자비용					
권리금	8,620 만원	보증금	8,000 만원	대출금/이자(연간)	15,000 만원 3 %
기타 투자비	건축비 640 만원	인테리어비 4,800 만원	설비비 4,800 만원		
	가맹관련 0 만원	기타비용 3,200 만원			
	총 투자비/감가상각 기간 ※ 감가상각 기간은 인테리어나 설비, 집기 등 기간이 지날수록 가치가 떨어져 교체해야 하는 시기까지의 기간을 의미	★ 0 만원	★ 3 년		

운영비용			
월세	77 만원	인건비	154 만원
재료비	0 만원	기타비용	700 만원
객 단가 ※ 1명의 고객이 1회 결제 시 이용하는 평균금액		★ 40,000 원	

확인 취소

그림 2-6 사업타당성 분석의 예

출처 : 소상공인 상권정보시스템 홈페이지

한 이윤 창출에 있다. 레스토랑 경영에서 메뉴는 판매 수단이고 상징적 존재가 된다. 따라서 고객의 욕구를 충족시키면서 어느 정도의 수익성을 확보할 것인지 사전 통제가 전제되어야 한다. 메뉴의 구성은 적정한 판매가격을 통하여 경쟁력을 향상시키고 식음료 판매를 증대시켜 레스토랑 경영에 기여할 수 있어야 한다. 식음료 재료의 예정원가인 표준원가를 초과하지 않도록 하여 고객의 경제적 수준에 부합하고 목표 이윤을 실현할 수 있어야 한다. 이를 통합적으로 진행하기 위해서는 사업타당성 분석을 실시해야 하며 기본적인 분석을 위해서는 임대면적, 실면적, 권리금, 보증금, 대출금, 건축비, 인테리어비, 설비비, 월세, 인건비, 재료비 등의 정보가 있어야 정확한 분석이 가능하다. 급식의 경우는 표준레시피 개발을 통하여 발주 오류 최소화, 조리작업 표준성 등의 효과를 기대할 수 있다.

(4) 생산지원시스템과 제공 방식

생산지원시스템과 제공 방식에 따라 메뉴 계획 시 다음과 같은 요소가 고려되어야 한다.

- 주방의 조리 장비
- 식자재 보관시설
- 전처리주방 유무
- 지원주방support kitchen 유무
- 반제품 상태의 재료 이용 여부
- 조리사들의 숙련도와 전문성
- 분배 접시share dish
- 제공 메뉴 형태정식 메뉴 또는 일품요리 메뉴 등
- 서비스 형태 및 서버의 기술 수준

현재의 종사원으로 서비스가 충분히 가능한지, 인건비에 비례하여 경제성을 갖추었는지, 또는 조리와 서비스에 소요되는 시간이 적정한지 등을 예측할 수 있어야 한다. 아무리 좋은 메뉴라 하더라도 과대한 노동력과 시간이 요구된다면 메뉴로서의 상품가치를 잃게 된다. 또한 서버의 서비스 기술 수준도 고려되어야 하는데, 서버가 직접 고객 앞에서 시연해야 하는 플랑베flambé와 같은 후식 메뉴는 서버의 기술 수준을 고려한 후 메뉴 채택을 해야 한다.

(5) 식재료 공급 여건

메뉴를 구성하기에 앞서 구매 시장의 성격을 사전에 파악해야 한다. 구매 책임자는 메뉴 계획자와 협조하여 시장 특성에 맞게 구매 계획을 세워야 한다. 다양한 채널을 통한 식자재 확보, 적절한 시기를 고려한 공급, 계절성 있는 식자재를 이용

Know 2

전자경매란?

현재의 수지식 경매과정을 무선응찰기를 사용하여 응찰에서부터 낙찰 및 기록에 이르기까지의 전 과정에 걸쳐 전자화, 자동화한 것을 말한다. 경매 시작을 벨과 점등으로 알리고 응찰기를 통해 제시된 가격이 모니터에 제시되며 최종 낙찰은 버튼을 이용한다.

출처 : 양일선(2010)

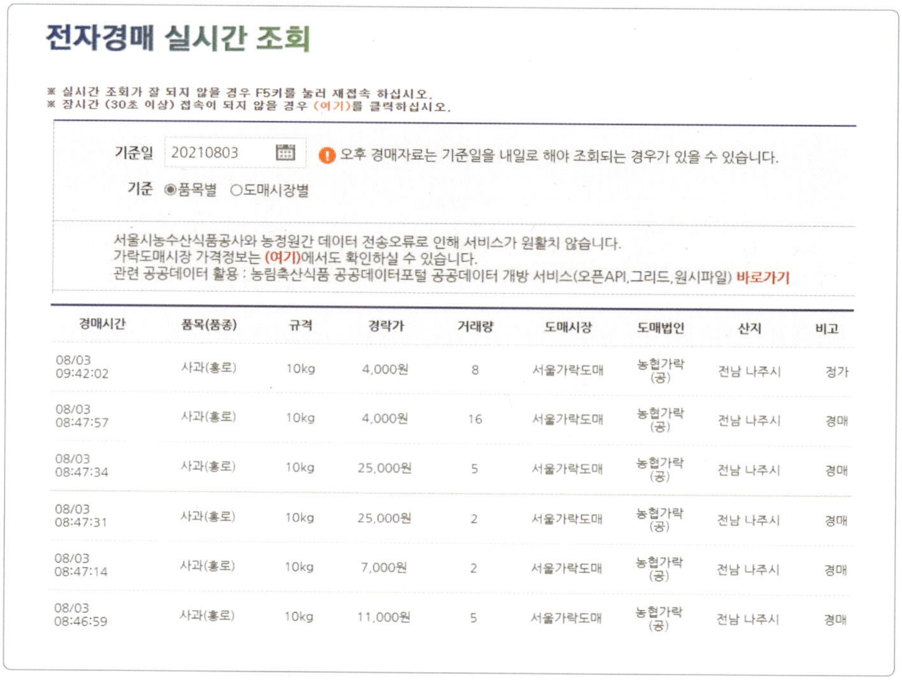
전자경매 실시간 조회

※ 실시간 조회가 잘 되지 않을 경우 F5키를 눌러 재접속 하십시오.
※ 장시간 (30초 이상) 접속이 되지 않을 경우 (여기)를 클릭하십시오.

기준일 20210803 오후 경매자료는 기준일을 내일로 해야 조회되는 경우가 있을 수 있습니다.
기준 ◉품목별 ○도매시장별

서울시농수산식품공사와 농정원간 데이터 전송오류로 인해 서비스가 원활치 않습니다.
가락도매시장 가격정보는 (여기)에서도 확인하실 수 있습니다.
관련 공공데이터 활용 : 농림축산식품 공공데이터포털 공공데이터 개방 서비스(오픈API,그리드,원시파일) 바로가기

경매시간	품목(품종)	규격	경락가	거래량	도매시장	도매법인	산지	비고
08/03 09:42:02	사과(홍로)	10kg	4,000원	8	서울가락도매	농협가락(공)	전남 나주시	정가
08/03 08:47:57	사과(홍로)	10kg	4,000원	16	서울가락도매	농협가락(공)	전남 나주시	경매
08/03 08:47:34	사과(홍로)	10kg	25,000원	5	서울가락도매	농협가락(공)	전남 나주시	경매
08/03 08:47:31	사과(홍로)	10kg	25,000원	2	서울가락도매	농협가락(공)	전남 나주시	경매
08/03 08:47:14	사과(홍로)	10kg	7,000원	2	서울가락도매	농협가락(공)	전남 나주시	경매
08/03 08:46:59	사과(홍로)	10kg	11,000원	5	서울가락도매	농협가락(공)	전남 나주시	경매

그림 2-7 전자경매 실시간 조회 결과(사과-홍로)

출처 : 농림축산식품부 도매시장 통합홈페이지

하여 상시 메뉴all year round menu의 단점을 보완한 메뉴를 제공함으로써 고객을 만족시킬 수 있도록 하여야 한다. 특히, 특별한 주문에 의해 작성된 메뉴는 식자재 재고의 문제가 발생하지 않도록 연계된 메뉴를 운영할 수 있도록 관리되어야 한다.

최근에는 전자경매의 형태로 식재료 구매가 더욱 용이해졌다.

(6) 인테리어 및 시설의 정도

판매가격 결정에서 음식의 품질, 서버의 숙련도 그리고 시설의 안락함은 고객이 지불한 가격 대비 만족도value for money 향상에 크게 기여하므로 고가, 중가 또는 저가를 부여할 것인지에 대한 결정은 각 요인을 종합적으로 고려하여 신중하게 결정해야 한다. 인테리어가 고급스러울수록 고객은 만족하겠지만, 그만큼 투자금액을 회수해야 하는 운영자는 부담스러울 것이다. 따라서 메뉴 수준에 알맞은 인테리어 및 시설이 중요하다.

(7) 과학적 관리

판매된 메뉴는 종류, 생산원가, 수량, 가격, 종합적 판매 등의 정보가 기록·유지되어, 다음 메뉴 계획의 자료로 활용되어야 한다. 특히, 고객의 만족도, 연령대, 성별 등도 함께 관리되어 고객의 연령층에 따른 선호도를 활용하는 세부 마케팅 전략 수립에 이용하는 등 과학적인 경영이 이루어질 수 있도록 한다.

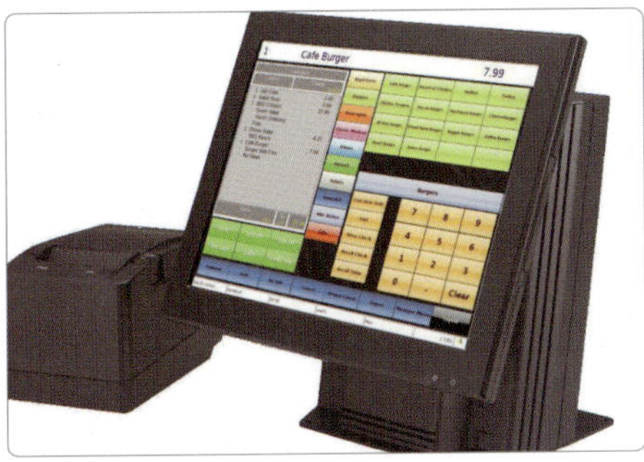

그림 2-8 POS 시스템 예시

Know 3

POS란?

Point of Sales system의 약자로 판매시점정보관리시스템이라 불린다.

매장의 주문처리시스템과 관리자의 메인컴퓨터를 온라인으로 연결하여 판매 시점의 정보를 실시간으로 통합, 분석, 평가하여 미래의 고객대응능력을 배가시키기 위한 종합적인 판매관리시스템이다.

출처 : pmg 지식엔진연구소(박문각 www.pmg.co.kr)

3) 메뉴 작성 시 유의사항

(1) 균형

메뉴에 제공되는 양은 일품요리 메뉴나 정식요리 메뉴에 따라 차이는 있으나 전체적인 식사량은 크게 차이가 없도록 한다. 즉, 코스의 수가 많을 경우에는 한 코스에 제공되는 양을 줄여서 전체의 양이 조화를 이루어야 하며, 영양적인 측면도 함께 고려되어야 한다. 그리고 사용되는 재료와 조리 방법은 중복되지 않으며, 질감은 부드러움과 단단함, 크리미creamy, 나무향woody, 클라우디cloudy : 단단함과 부드러움이 혼합된 상태, 예 : 렌틸콩수프를 만들어 반만 블렌더에 곱게 갈아서 혼합 등의 요소가 각각 조화를 이룰 수 있도록 구성한다. 색상은 조화를 이루어야 하며, 인위적인 것을 배제한다. 향미flavor는 선택된 재료의 상승 효과를 위해서 필요한 소량만을 사용하여야 하며, 너무 많이 사용하여 음식 본래의 맛을 잃어버리거나 기대하지 않은 새로운 향으로 인해 다른 음식이 되지 않도록 하는 동시에 향의 중복을 피하도록 한다. 제공되는 메뉴는 전체적인 균형balance을 맞출 수 있도록 한다.

다음은 메뉴 작성 시 균형을 위하여 유의해야 하는 사항이다.

- 동일한 재료가 두 가지 이상의 요리에 사용되지 않도록 한다. 예를 들어, 닭고기누들수프chicken noodle soup 이후의 코스에 튀긴 닭fried chicken 같은 요리 제공은 삼간다.
- 요리의 곁들임이나 장식에 주의한다.

- 유사한 색의 요리를 반복하지 말아야 한다. 예를 들어, 송아지고기veal에 비프beef요리나 백색 계통의 새우shrimp요리에 대구cod요리는 삼간다.
- 비슷한 소스sauce가 중복되어서는 안 된다. 생선요리에 제공되는 홀랜다이즈 소스hollandaise sauce와 육meat요리에 제공되는 베어네이즈 소스bearnaise sauce가 중복되어서는 안 된다. 두 소스 모두 양파, 후추, 식초, 백포도주white wine, 달걀, 버터 등을 배합해서 만든다.
- 같은 조리 방법을 반복해서 사용하는 것은 좋지 않다. 튀긴 생선요리fried fish 다음 코스에 닭 튀김fried chicken을 제공하거나 튀김요리fried cutlet, fried chicken의 가니시로 튀긴 감자fried potato를 곁들이는 것은 피한다.
- 요리 코스의 균형을 맞춰야 한다. 전채에서 수프, 생선요리, 주 요리 및 후식 등의 일련의 코스가 가벼운 음식부터 무거운 음식으로 균형 있게 제공되어야 한다.
- 계절의 감각에 알맞은 메뉴를 작성하여야 한다. 찬 요리cold dish와 따뜻한 요리hot dish를 그 계절에 알맞은 과일 및 채소요리와 조화시킨다.
- 저녁 식사에서는 가급적 무거운 메뉴는 피한다.
- 연령별 · 성별 · 직업별로 알맞은 식품의 양과 질을 배합하여 열량 공급을 충족시켜 줄 수 있는 영양적 균형이 맞는 메뉴를 구성한다.
- 신선한 식품의 사용, 유독, 부패, 식중독 등의 위험이 있는 식품의 저장에 주의하여 식품 위생에 유의한다.

(2) 장식

요리에 장식garnish을 할 때에는 주 재료와 곁들임의 위치를 고려해야 하며, 요리에 사용되는 재료, 신선한 향료herb 등을 곁들여 마무리한다. 또한 장식에 발생하는 비용도 고려하여 메뉴 작성을 해야 한다.

그림 2-9 스테이크에 사용된 장식

출처 : what's hot 2017 culinary forecast(NRA)

그림 2-10 알레르기 원인 식품

(3) 다양성 측면에서 메뉴 계획

육류 · 어류 · 채소류를 활용한 메뉴 종류의 다양성, 식재료의 품질 정도를 반영한 음식의 수준 그리고 식이 및 알레르기가 있는 고객을 위해 영양적 요소를 고려한 메뉴 계획이 되어야 한다. 식습관의 변화에 따라 고객의 취향이 점차 건강식 위주로 바뀌는 추세에 있으므로 질적 서비스 향상의 차원에서 건강식 · 영양식 위주의 메뉴를 고려한다.

(4) 접시

접시presentation의 크기, 모양shape, 외관, 재료의 크기를 고려하여 조화시킨다.

(5) 영양

영양소 섭취기준은 국민의 건강증진 및 질병 예방을 목적으로 에너지 및 각 영양소의 적정 섭취량을 나타낸 것이다. 초기에는 영양결핍증을 예방하기에 충분한 양을 의미하는 영양권장량을 제정하였으나, 영양결핍으로 인한 건강 문제와 함께 일부 영양소의 과잉 섭취 또는 불균형으로 인한 만성질환이 주요 건강 문제로 대두되면서, 영양소의 결핍과 과잉으로 인한 문제를 예방하기 위한 새로운 개념의 영양소 섭취기준을 제정하게 되었다.

사람이 생명을 유지하고 살아가기 위해서는 에너지 공급이 반드시 필요하다. 식품 섭취를 통해 얻어지는 에너지는 기초대사를 유지하기 위한 에너지기초대사량, 신체 활동에 필요한 에너지, 그리고 식품의 소화흡수에 필요한 에너지식사성 발열 효과로 사용된다.

2. 메뉴 계획 모형

메뉴 계획을 위하여 고려해야 할 요인들을 정리해 놓은 것을 메뉴 계획 모형이라고 하는데, 쉐징, 칸, 나인메이어 등 학자에 따라 다양한 모형을 제시하였다.

1) 쉐징의 모형

쉐징Schaetzing은 메뉴에 영향을 주는 요인으로 서비스 종류, 고객 수, 좌석 수,

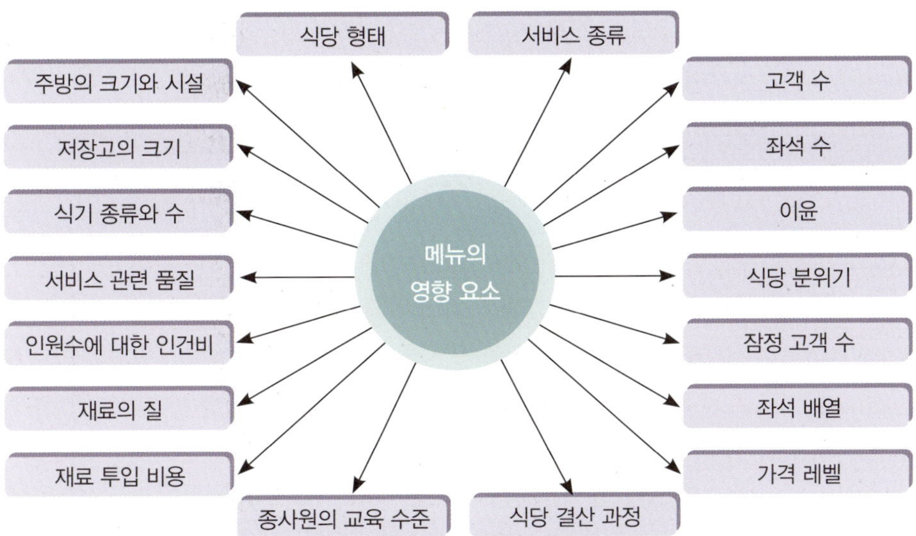

그림 2-11 쉐징의 모형

출처 : Scaetzing(1992)

이윤, 식당 분위기, 잠정 고객 수, 좌석 배열, 가격 레벨, 식당 결산 과정, 종사원의 교육 수준, 재료 투입 비율, 재료의 질, 인원수에 대한 인건비, 서비스 관련 품질, 식기 종류와 수, 저장고의 크기, 주방의 크기와 시설, 식당 형태 등이 있다고 하였다.

2) 칸의 모형

칸Mahmood Khan은 메뉴 계획 시 고려해야 할 요인을 크게 고객 측면과 관리 측면으로 나누었다. 고객 측면은 음식 특성과 감각적 속성, 음식 습관과 선호, 영양적 욕구 등 3개 변수를, 관리 측면은 조직의 목적goals과 목표objective, 식자재 공급 시장 조건, 예산, 관리, 시설 장비, 종사원 기능, 생산 형태와 서비스시스템 등 7개 변수를 메뉴 계획 시 고려되어야 할 사항으로 나타내었다.

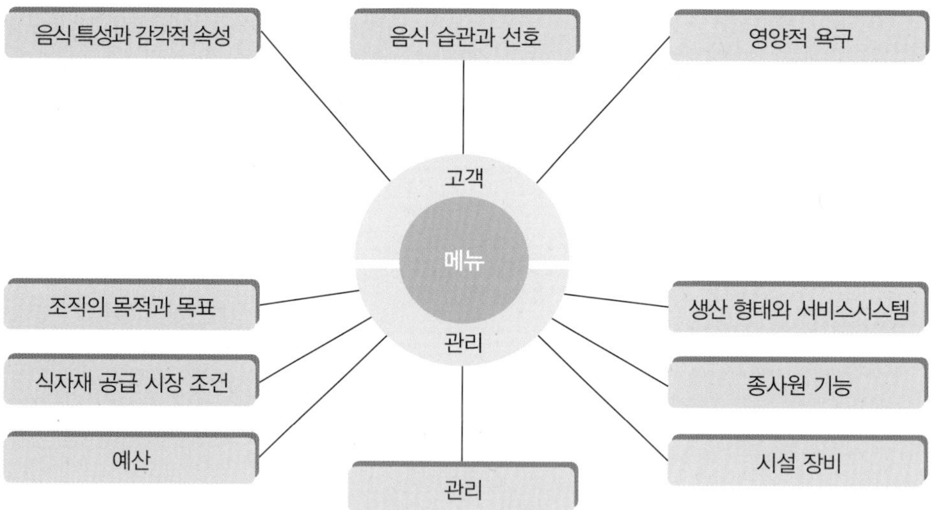

그림 2-12 칸의 모형
출처 : Mahmood A. Khan(1991)

3) 나인메이어의 모형

나인메이어Ninemeier는 메뉴 계획 모형을 고객, 품질, 원가, 가능성, 위생, 레이아웃 문제, 기기 문제, 최대 생산과 운영 문제의 8가지로 나누고, 고객과 품질을 중심

그림 2-13 나인메이어의 모형

출처 : Ninemeier, Jack D.(1984)

으로 구체화하였다. 고객 측면은 요구, 가치, 가격, 특성 · 목적, 사회 · 경제적 요인, 인구통계학적 관계, 인종적 요인, 종교적 요인으로 8개의 변수를, 품질 측면에서는 맛, 일관성, 구조 형태와 종류, 영양적 배려, 시각적 매력, 향기 매력, 온도 등 7개의 변수를 메뉴 계획 시 고려사항으로 발전시켰다.

4) 메뉴 교체

제공되는 메뉴의 수가 많아 연중 동일한 메뉴를 제공하면 단골고객은 오래지 않아 싫증이 나게 되며, 불평 요인 중 하나가 된다. 또한 성수기에 적절한 가격으로 구입한 식재료를 효율적으로 사용할 수 없게 되어 결과적으로 원가 상승의 요인이 된다. 따라서 메뉴의 수는 줄이고 교체 시기를 15일 또는 30일 간격으로 새로운 메뉴를 작성하고 출력하여 사용하는 시스템을 구비한다면 창의적인 신메뉴, 계절감이 흐르는 메

표 2-3 메뉴 교체 요인

요인		내용
외부적 요인	고객의 요구 변화	고객의 요구가 다양하게 변화되고 있고 이에 따른 메뉴 교체가 요구된다.
	식재료 수요와 공급	외식점포에서는 냉동된 식재료보다는 계절에 따른 신선한 식재료를 선호하여 계절별로 메뉴가 교체될 수 있다. 그러나 냉동·냉장기술 발달, 저장기술의 확장, 교통수단의 발달 등으로 인해 계절에 따른 식재료 수급의 차이는 많이 완화되고 있다.
	타 외식기업 및 점포와의 경쟁	타 외식기업 및 점포 메뉴의 분석은 차별화되는 메뉴를 개발하는 데 도움을 준다.
내부적 요인	외식점포의 콘셉트	외식점포의 콘셉트(concept)는 계속적으로 평가되고 개선되어야 하며 새로운 콘셉트는 메뉴의 교체를 요구한다.
	수익성	식재료의 원가, 새로운 메뉴 아아템의 추가와 삭제 등에 따른 수익성에 의해 메뉴가 교체된다.
	운영체계	외식점포의 확장이나 축소, 새로운 주방기기의 도입, 종사원들의 생산 능력 변화 등은 현재의 메뉴 개선 또는 교체를 요구한다.
	메뉴 품목 판매 동향	메뉴는 다른 메뉴의 판매를 증가 또는 감소시킨다. 따라서 메뉴 품목 판매 동향에 따라 교체될 수 있다.

출처 : 한경수 · 채인숙 · 김경환(2011). 외식경영학 인용

뉴를 운영할 수 있다. 이렇게 함으로써 고객의 만족도를 향상시킬 수 있으며, 적정한 식재료 재고관리로 효율적인 경영을 할 수 있다. 레스토랑 메뉴 교체의 요인으로는 외부적 요인과 내부적 요인으로 나눌 수 있다.

3. 호텔 조리부의 메뉴 개발 절차

호텔 조리부의 메뉴 개발 절차는 그림 2-14와 같다. A호텔 델리Deli에서 판매 중인 샌드위치 메뉴의 개발과정을 통해 실제적인 메뉴 개발 절차를 살펴본다.

상품 아이디어
경쟁자
고객
내부 직원
국내 · 외 조리서적 및 잡지/인터넷 사이트
국내 · 외 유명 레스토랑 벤치마킹bench marking

↓

내부 평가
R&D 팀
메뉴 생산 부서
메뉴 관련 판매 부서

↓

관능검사
내부 시식회
모니터
포커스 그룹focus group
패널

↓

관계자 테스트field test
R&D 부서
포커스 그룹
초청 고객 시식회dry run

↓

상품 도입
개발 메뉴 데이터베이스화
메뉴 프로모션
판매 분석 및 자료화

그림 2-14 호텔 조리부의 메뉴 개발 과정

출처 : Miner, Tom(1996). customer-focused menu marketing, cornell Hotel and Restaurant Administration Quarterly, p. 39. 참고하여 저자 재구성

1) 상품 아이디어

고객으로부터 미국에서 유행하는 새로운 형태의 샌드위치 정보를 입수하였다.

2) 내부 평가

연구개발팀이 출장을 통하여 메뉴, 사진 및 샘플을 구입하고 분석하였다. 관련

부서에서 메뉴 개발관계자들이 모여 샘플 시식을 통한 품질의 특성, 재료의 수급, 기술적인 문제를 분석하고, 샘플과 유사한 국내 식재료를 활용, 시제품을 생산하여 검토하였다. 그 결과 상품성이 있는 것으로 판단되어, 내부 평가를 위한 시제품 생산과 지적사항에 대한 개선을 10여 회 반복하면서 다양한 아이디어 수렴과 품질 개선을 통해 고급화가 진행되었다.

3) 관능검사

내부 평가 후 더블 그릴러double griller 기기를 도입하여 다양한 치즈류, 저지방육, 채소, 과일 소스, 허브 스프레드spread 등을 재료로 만든 시제품을 생산하였고, 내부 시식회와 평가회를 통하여 상품성을 평가하였다.

그림 2-15 더블 그릴러

4) 관계자 테스트

관련 직원의 교육과 판매를 위한 준비과정을 거쳐, 새 메뉴는 연령대별 고정 고객을 초청하여 실제 판매할 때와 동일하게 직접 선택하게 한다. 그 후 주문, 생산 시간, 제공, 품질, 맛, 개선할 점을 설문하도록 하는 소비자 조사법인 초청 고객 시식회dry run를 통하여 고객의 최종 평가와 보완을 실시하였다.

5) 상품 도입

관계자 테스트field test를 통해 상품성이 인정된 메뉴 60여 종류는 데이터베이스DB화 되어 영업 시작 후 지속적으로 교체 사용할 수 있도록 관리되었다. 고객에게 메뉴의 친밀성을 높이기 위하여 스토리텔링화 작업을 하였고, 그 결과 새로운 형태의 메뉴판이 제작되었다.

새로 개발한 메뉴를 판매하기 시작하면서 일일 판매관리를 통하여 고객의 요구사항, 반응 등을 메모하여 필요한 부분을 보완하였다. 최종적으로 매월 판매 분석을 실시하여 장기적인 판매를 갖추는 과정이 완성되었고, 이 과정을 통해 새로운 형태의 샌드위치 메뉴가 개발되었다.

4. 위탁급식회사의 메뉴 개발 절차

위탁급식회사의 메뉴 개발 절차는 그림 2-16과 같다.

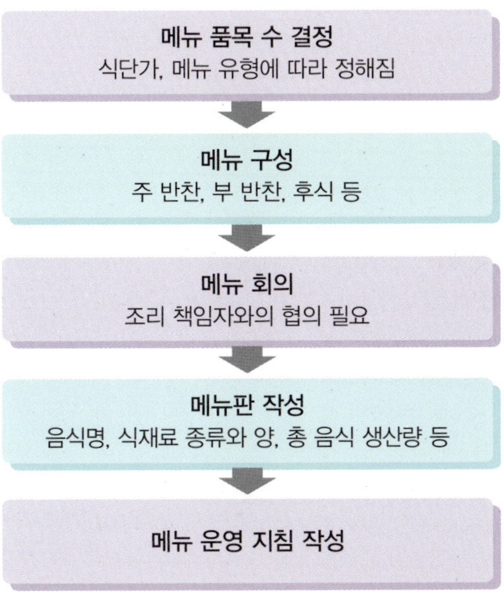

그림 2-16 위탁급식회사의 메뉴 개발 과정

출처 : 한경수(2011). 외식경영학을 참고하여 저자 재구성

1) 메뉴 품목 수 결정

위탁급식회사에서 메뉴 개발을 할 때 식단가에 따라 반찬 수가 정해진다. 1식 3찬은 주식, 국 또는 찌개류, 주 반찬, 부 반찬, 김치류로 구성되며 1식 4찬은 부 반찬이 2개이다. 주 반찬은 육류, 가금류, 어류, 난류를 이용한 구이, 볶음, 조림, 튀김류로 구성되며, 부 반찬은 볶음, 생채, 숙채, 샐러드류로 구성된다.

2) 메뉴 구성

영양적 요구, 관능적 특성, 조리법과 재료의 중복을 피하고 식재료비를 계산한다. 계절 식품을 이용하고 조리인력과 조리기기, 위생적 요인, 배식 방법 등을 고려한다.

3) 메뉴 회의

조리 책임자와 영양사가 구성된 메뉴의 조리 가능성에 대해 논의한다.

4) 메뉴표 작성

음식명, 식재료 종류와 양, 총 음식 생산량, 원산지 등을 기술한다.

5) 메뉴 운영 지침

급식 생산을 할 때 영양사, 조리사 및 조리원의 기준이 되도록 한다.

5. 외식업체의 메뉴 개발 절차

외식업체의 메뉴 개발 절차는 그림 2-17과 같다.

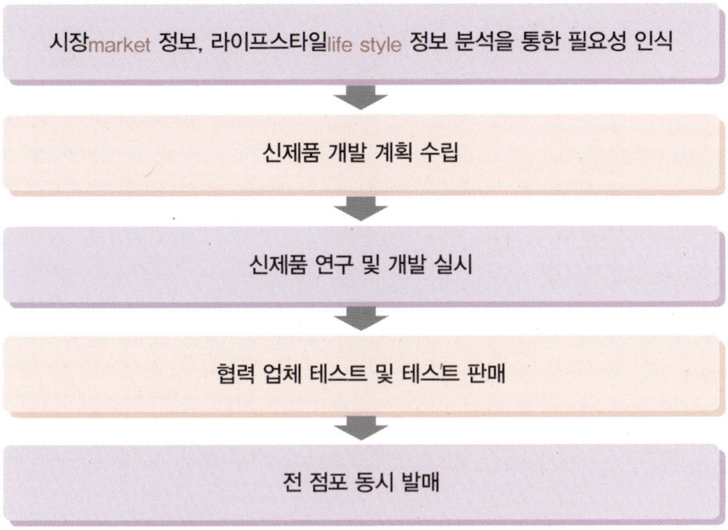

그림 2-17 외식기업의 신메뉴 개발 과정의 예
출처 : 한경수(2011). 외식경영학을 참고하여 저자 재구성

1) 필요성 인식

시장 분석 및 라이프스타일 정보를 분석 실시한다. 신기술이나 새로운 아이디어, 기술정보, 신소재 등에 의해서도 필요성이 인식된다.

2) 신제품 개발 계획 수립

시장 가능성, 수요 예측, 경쟁사 현황 등을 파악한다. 자체 또는 전문 조사기관에 의뢰하여 소비자의 기호도 조사를 실시한다.

3) 신제품 연구 및 개발 실시

사내 연구소나 협력사와 공동 개발을 통하여 상품성 여부와 시제품 시식 및 평가를 실시한다.

4) 메뉴 테스트

양산 가능성 여부, 설비 조사, 보안사항, 시생산 제조 판단, 사내·외 패널 조사 및 분석을 실시한다.

5) 전 점포 동시 발매

판매 현황 분석, 소비자 반응 조사, 광고 게시 및 효과 분석, 판촉 활동, 원재료 및 완제품의 품질관리, 제품수명주기를 기반으로 제품 판매 및 중단 여부 결정을 실시한다.

6. 메뉴 아이템 수명주기

메뉴 아이템은 개발된 후 각 아이템 간 시간상의 차이는 있지만, 일반적으로 도입, 성장, 유지, 쇠퇴의 수명주기를 가진다. 각 주기의 특성을 고려한 세밀한 전략을 통해 메뉴 아이템을 통한 수익을 최대화할 수 있다.

1) 도입기

도입기는 메뉴 아이템이 개발되어 시장에 소개되면서 소비자에게 알려지는 시기이다. 인지도가 낮으며 매출이 서서히 성장하는 이 시기에는 메뉴 아이템이 소비자의 눈에 띄어서 한 번이라도 선택될 수 있도록 하는 것이 중요하다. 클립 온clip-on 메뉴, 테이블 텐트를 이용하거나 구두추천 메뉴verbal menu 판매 방식을 통해 메뉴 아이템에 대한 인지도를 높일 수 있다. 또한 일정 기간 할인해 주는 신제품 프로모션을 통해 신메뉴 아이템에 대한 선택률을 높여 신메뉴 아이템이 소비자에게 인지되어 재구매할 수 있도록 유도하여 매출이 계속적으로 성장곡선을 그리도록 하는 것이 필요하다. 반면, 신제품을 초기에 구매하는 얼리 어답터early adopter는 가격에 크게 구애받지 않는다는 성격을 이용해 경쟁업체가 쉽게 접근하지 못하는 메뉴 아이템의 경우 초기에는 고가로 판매할 수도 있다.

이 기간은 투자 기간으로 다음 단계인 성장 단계로 무난히 진입할 수 있도록 판매 촉진비를 다른 기간에 비해 많이 투자하고 성장을 시작하는 단계이므로 수익은 거의 나지 않거나 마이너스인 경우가 많다.

2) 성장기

성장기는 고객들이 상품을 받아들여 상품에 대한 수요가 빠른 속도로 증가하는 시기이다. 이 단계에는 도입기의 구매자들이 메뉴 아이템을 재구매하고 또 새로운 구매자들이 생겨나기 시작하면서 매출과 수익이 빠른 속도로 증가한다.

성장기에는 수요를 만족시킬 수 있는 생산성이 뒷받침되어야 하는데, 빠른 수요의 증가에도 불구하고 일정한 품질을 유지하는 것이 계속적인 성장을 유지할 수 있는 밑거름이 된다. 한편, 인기 메뉴 아이템은 빠른 시간 안에 경쟁업체에서 모방하는 경향이 있다.

따라서 원조 이미지를 유지하면서도 경쟁업체에 비해 품질과 가격 면에서 고객에게 더 뛰어난 메뉴 아이템을 제공할 수 있도록 노력해야 하며, 동시에 새로운 메뉴 개발 계획이 수립되고 진행되어야 할 시기이다.

3) 성숙기

이 시기는 대부분의 경쟁업체가 같은 아이템을 가지고 있어 경쟁이 심화되는 시기이다. 고객의 수요가 일정 수준 포화 상태에 접어들어 메뉴 아이템의 판매량 변화가 거의 없다. 경쟁이 치열하므로 가격경쟁을 통해 수익이 점차 하락하는 쇠퇴기를 맞이하게 되는데, 적절한 전략을 통해 새로운 수요의 창출이 일어나 성숙기를 장기간 유지하고 나아가 더 높은 매출을 내는 도약을 하기도 한다. 이 수요의 창출은 메뉴 아이템의 재포장 또는 업그레이드를 통한 기존 고객의 수요를 촉진시키거나 새로운 고객층 개발을 통해 일어난다.

예를 들면, 인기 메뉴 아이템과 세트 메뉴를 만들어 판매율을 높일 수 있다. 또한 메뉴 아이템의 재료나 사이드 메뉴를 업그레이드시키면서 기존 메뉴 아이템에 새로움을 가미하여 고객의 관심을 환기시킬 수 있다.

성인의 식사 대용으로 이용되는 죽을 유아의 이유식으로 판매하는 것은 새로운 고객층 개발이라 할 수 있다. 점심식사용으로 많이 이용되던 커피전문점의 샌드위치를 아침식사용으로 판매하는 것도 새로운 고객층 개발을 통한 수요의 창출이다.

한편, 이 시기에는 기존 메뉴 아이템이 쇠퇴기에 접어들어 수익이 감소될 때 새로운 메뉴 아이템을 개발하여 시장에 소개함으로써 새로운 메뉴 아이템이 성장, 성숙기에 접어들어 새로운 수익을 창출할 수 있도록 해야 한다.

4) 쇠퇴기

성숙기를 지나면 고객의 수요가 감소되어 메뉴 아이템은 판매량과 수익이 줄어드는 시기인 쇠퇴기가 온다. 판매량이 줄어든다고 하여 적자라는 뜻은 아니므로 다양한 메뉴 분석을 통하여 메뉴 아이템을 어떻게 해야 할지에 대해서 결정해야 한다. 다른 아이템에 비해 판매량과 수익이 높은 경우, 다른 아이템에 비해 판매량은 적지만 수익이 높은 경우, 다른 아이템에 비해 판매량도 적고 수익도 낮은 경우를 나누어 메뉴 아이템을 메뉴판에서 잘 보이는 곳으로 배치해야 할지, 프로모션 등을 통한 인지도 향상을 꾀해야 할지, 메뉴 아이템의 업그레이드를 통한 판매량 증가를 기대해야 할지, 또는 메뉴 아이템을 철수해야 할지 등을 결정한다.

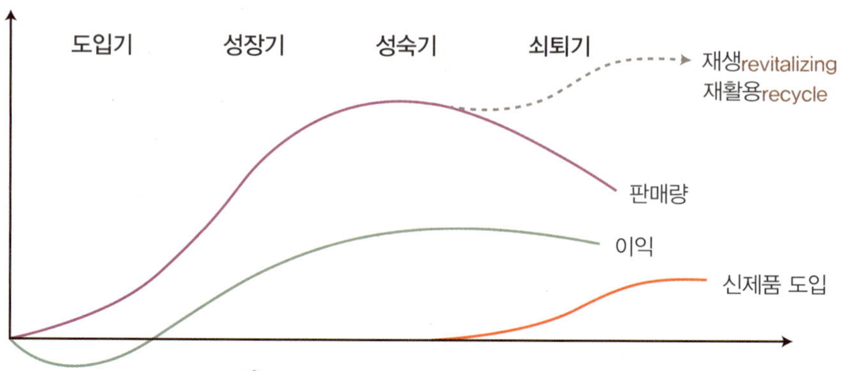

그림 2-18 메뉴 아이템의 수명주기

출처 : 정용주(2011). 외식마케팅, p. 211를 참고하여 저자 재구성

CHAPTER

03

메뉴판 디자인

1. 메뉴판 디자인의 개요 | 2. 메뉴판 디자인의 구성요소

CHAPTER

03

학습목표

1. 메뉴판 디자인 시 고려해야 할 사항을 설명할 수 있다.
2. 메뉴판 구성요소인 메뉴판의 포맷, 메뉴판의 크기, 메뉴 카피, 여백, 타이포그래피와 가독성을 이해하고 레스토랑 콘셉트에 맞게 메뉴판을 디자인할 수 있다.

CHAPTER 03 메뉴판 디자인

1. 메뉴판 디자인의 개요

메뉴 디자인은 메뉴 계획에서 선정된 품목을 메뉴판에 옮기는 것이며, 메뉴의 역할과 함께 질에 있어서 유연성과 내구성을 고려하여야 한다. 또한 디자인된 메뉴의 배열layout, 설명copy, 활자, 메뉴의 크기size, 모양, 색상 등이 식당의 전체적인 콘셉트와 조화를 이루어야 한다. 메뉴 계획자는 어떻게 고객에게 제시하는 것이 이상적인지 고객적 측면을 고려해야 하며, 운영 목표 달성 및 직원 교육 등 식당 운영적 측면까지 고려하여 선정해야 한다.

1) 메뉴 디자인의 중요성

고객에게 가장 경제적이고 이상적인 제시를 하여 단순한 리스트 제시가 아닌 마케팅 수단으로 디자인해야 한다.

- 고객과의 커뮤니케이션 역할
- 판매 증진을 위한 역할
- 고객의 욕구나 식욕을 증진시키는 마케팅 도구 역할
- 영업장에 대한 정보 전달 및 내부 통제 도구 역할

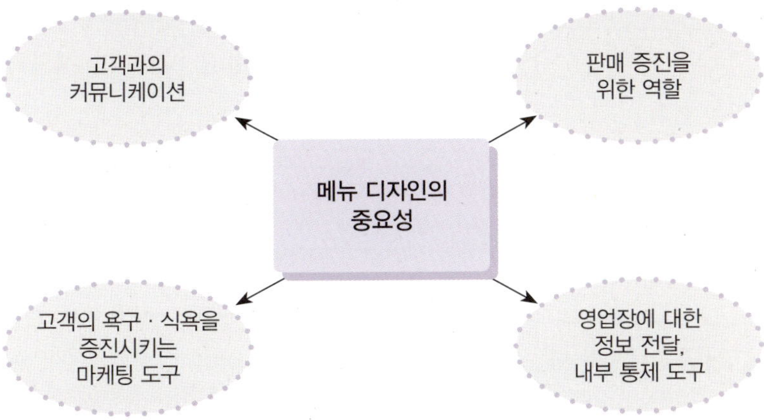

그림 3-1 메뉴 디자인의 중요성

2) 메뉴 디자인 시 고려사항

나인메이어Jack D. Ninemeier는 메뉴판 작성 시 고려사항에 대해 다음과 같이 정리했다.

- 메뉴판은 운영 측면에서 내적 마케팅 도구로서 중요하므로 깔끔하고 효율적인 공간 활용을 해야 한다.
- 첫인상의 중요성을 고려하여 메뉴판의 표지에 시선을 집중시켜야 한다.
- 메뉴판의 크기는 테이블에서 쉽게 다룰 수 있어야 한다.
- 메뉴판은 얼룩이 지지 않는 견고한 재질의 종이를 사용해야 한다.
- 메뉴 품목에 붙여진 이름의 이해가 용이해야 하며, 활자의 종류 및 크기는 읽기 쉬워야 한다.
- 메뉴 품목의 설명은 시각적 영향으로 명확하고 흥미를 줄 수 있도록 글자를 만들고 잘못된 전문용어는 피해야 한다.
- 문법, 철자, 가격 그리고 모든 정보는 정확해야 한다.
- 가능한 한 메뉴들을 매 식사 때 식료, 음료, 성인용, 어린이용 등으로 분류하여 구성함으로써 그들의 욕구를 고려한다.
- 영업장의 이름, 위치, 전화번호, 운영 시간 등을 메뉴에 기재한다.
- 주력 메뉴 품목의 위치를 잘 선정한다. 즉, 메뉴판의 특성에 알맞은 주요 위치focal point : 고객의 시선이 가장 잘 가는 위치를 찾아서 그곳에 배열한다.
- 가격 변동이나 메뉴 품목 교체 등의 시기에는 새로운 메뉴판을 제작하여 제공하도록 한다.

이 외에 고려해야 할 사항은 고객 부담은 메뉴판에 표기된 범위 내에서 이루어져야 하는 것이다예 : 가격, 부가세, 봉사료(service charge) 등.

3) 메뉴 커뮤니케이션

외부 마케팅 도구인 라디오, TV, 신문, DMDirect Mail, 구전 마케팅WOM : Word of Mouth

에 비해 메뉴는 가장 강력하고 가장 일관적인 내부 마케팅이자 판매 도구이다. 메뉴를 통해 고객은 그 레스토랑에서 판매하고자 하는 제품에 대한 정보를 얻고 또한 그 제품의 구매 여부를 결정하게 된다. 따라서 메뉴는 주방에서 생산, 준비, 완성되는 과정이 고객과 소통될 수 있도록 역할을 다하여야 한다.

메뉴의 커뮤니케이션menu communication은 메뉴 작가와 고객 사이에서 일어난다. 메뉴가 커뮤니케이션 도구가 되기 위하여 메뉴 작가menu writer, 메뉴 계획자는 고객의 맞은 편에 앉아 대화하는 상상을 하며 메뉴를 구성해야 한다.

메뉴 작가는 메뉴를 통해 고객에게 말하고speak, 고객은 메시지를 듣고hear 반응한다act.

메뉴를 작성할 때 메뉴 작가가 고려해야 할 3가지 원칙은 다음과 같다.

- 메뉴 작가는 레스토랑의 콘셉트를 기초로 메뉴를 통해 어떤 메시지가 전달되어야 하는지 정보, 직관 그리고 경험을 바탕으로 결정하게 된다.
- 메뉴를 통해 고객에게 레스토랑의 정책과 철학을 표현한다. 고객에게 판매하기를 원하는 제품과 레스토랑에 대한 이미지를 메뉴를 통해 고객에게 전달한다. 어떤 종류의 음식을 제공할지와 음식의 이름, 아이템의 수를 결정한다.
- 실제 메뉴판을 디자인하고, 다양한 음식 아이템의 수, 표현메뉴 카피, 예술적 측면색깔, 디자인 등과 메뉴 아이템의 배치를 결정한다. 결과적으로 위의 3가지 원칙을 반영하여 만든 메뉴판은 수익, 판매 그리고 이미지에 대한 목표를 달성하여야 한다.

다음은 고객이 메뉴판을 보고 반응하게 되는 과정이다.

- 고객은 메뉴판의 물리적 형태종이 질, 페이지 수와 먼저 반응한다.
- 고객은 메뉴 작가가 전달하는 메시지를 해석한다.
- 고객은 메뉴의 뜻을 해독한다.
- 고객은 메뉴의 다양한 면을 받아들이거나 거절한다. 이때 고객의 반응은 주관적인 동시에 객관적이다. 고객이 메뉴를 받아들이면, 메뉴 작가는 좋은 메뉴를 작성한 것이다.

Know 1

직관(直觀, intuition)

판단 · 추론 등을 게재시키지 않고, 대상을 직접적으로 인식하는 일을 말한다. 한 분야에서 10년 이상을 일하게 되면 생기는 통찰력(insight)이라고 할 수 있다. 영감(inspiration)과도 비슷한 의미로 사용된다.

- 고객이 원하는 메뉴를 선택하고, 그 메뉴에 만족하게 되면 그 고객은 단골고객regular guests이 되어 돌아온다.

4) 메뉴판 디자인의 심리학

메뉴판 디자인이 고객으로 하여금 특정 메뉴 항목의 선택에 영향을 줄 수 있는 기술을 일컬어 메뉴 디자인의 심리학the psychology of menu design이라고 한다. 고객은 메뉴의 레이아웃이나 디자인에 의해 영향을 받게 된다.

하지만 이 기술은 고객이 원하지 않는 아이템을 고르게 하는 것이 아니라 특정 아이템이 다른 아이템보다 선택될 확률을 높이는 데 사용된다. 이 기술을 이용해 레스토랑은 목표 식재료비, 수익, 판매 목표 등을 얻게 된다.

메뉴 디자인의 심리학은 다음과 같은 역할을 한다.

(1) 고객 안내

메뉴판에 아이템이 계획 없이 배치되면, 고객은 순수하게 확률에 의해 메뉴 선택을 하게 된다. 메뉴 디자인의 심리를 이용하여 비인기 메뉴를 인기 있게 할 수는 없지만, 계획 없이 배치된 아이템보다 팔기를 원하는 메뉴 아이템의 선택 확률을 높일 수 있다.

(2) 메뉴 선택 영향

메뉴 레이아웃과 디자인에 있어 고려해야 할 사항은 눈의 움직임eye movement은 메뉴판을 가로질러 메뉴판의 특정 부분을 향한다는 사실이다. 고객은 처음과 마지막에 접한 아이템을 가장 잘 기억하기 때문에 가장 많이 팔리기를 원하는 아이템을 메뉴 리스트의 첫 번째나 끝에 배치해야 한다. 나아가 메뉴 레이아웃에 있어 가장 먼저 눈이 가는 곳과 가장 마지막에 눈이 가는 곳에 가장 많이 팔리기를 원하는 아이템을 두는 것도 고객의 시선을 끄는 방법이다.

고객은 메뉴를 자세히 읽기보다는 훑어보는scan 경향이 있는데, 평균적으로 고객은 메뉴를 단 10초만에 읽는다. 따라서 메뉴의 메시지는 고객에게 빨리 인식 가능하게 해야 한다.

5) 메뉴 정책

메뉴 정책menu policy은 레스토랑에서 소비자에게 판매하는 아이템의 수와 어떤 종류의 음식이 제공되는지에 대한 메뉴의 구성을 서술한 것이다. 예상 판매에 맞도록 하기 위해서는 모든 메뉴 아이템의 판매 분석을 하여 마케팅 계획이 잘 운영되고 있는지를 평가해서 메뉴 결정을 해야 한다.

메뉴 정책의 흐름은 양식의 경우 다음과 같다.

- 전채, 샐러드, 앙트레entrée, 채소, 디저트, 음료와 같은 메뉴 그룹에서 제공할 그룹을 고른다.
- 각 메뉴 그룹에서 그룹 분류group classification를 통해 메뉴를 개발한다. 예를 들어, 앙트레 메뉴 그룹 중에서 어떤 앙트레를 제공할지를 고른다. 또 몇 개의 분류에 해당하는 메뉴를 제공할지도 결정한다.
- 그룹 설명group specification을 통해 어떤 조리법의 요리가 제공될지에 대해 결정한다.
- 마지막으로 그룹 설명에서 나온 종류의 제품 중 정확한 아이템specified menu item의 이름을 적는다. 모든 메뉴 아이템은 마케팅 계획과 판매 분석을 배경으로 위와 같은 순서로 결정된다. 메뉴의 종류는 고객의 의견과 직원의 능력을 기초로 정해진다.

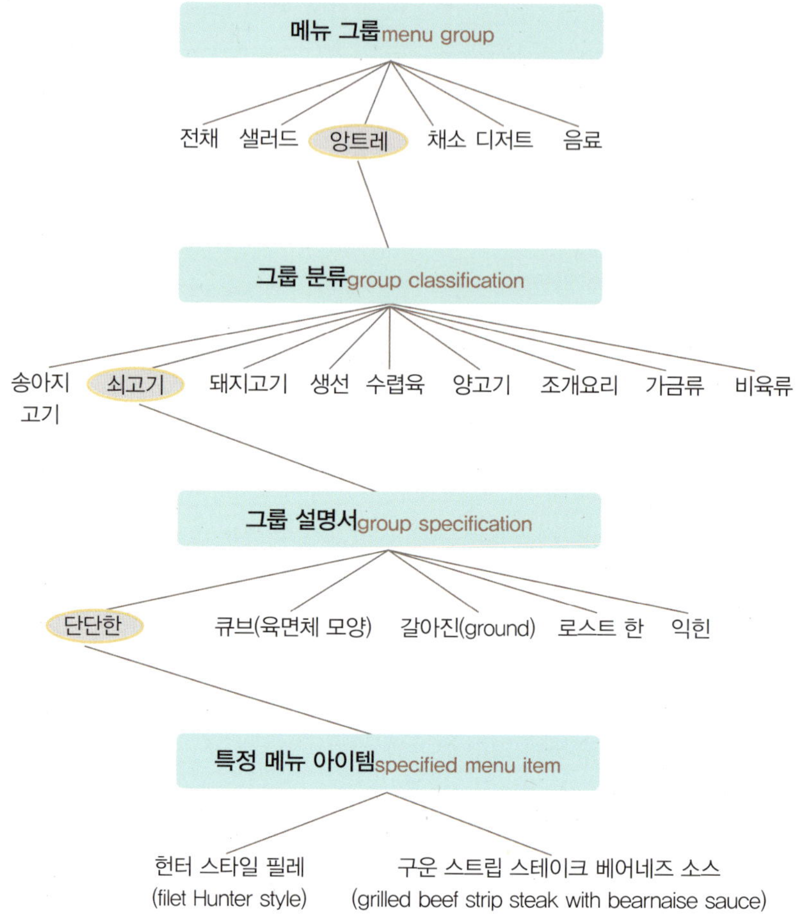

그림 3-2 메뉴 정책 흐름도

출처 : Jack E. Miller & David V. Pavesic(1996)

2. 메뉴판 디자인의 구성요소

메뉴 작가의 책임은 레스토랑이 판매하고자 하는 아이템에 고객의 시선을 끌게 하는 것으로 궁극적으로 메뉴는 판매와 수익을 높일 수 있도록 디자인되어야 한다. 이 목적의 달성을 위해 메뉴판에 들어가는 문자, 도형, 사진 등의 시각적 요소들을 적정한 위치에 배치하는 것을 메뉴판의 구성이라 한다. 메뉴판의 구성요소에는 포맷, 메뉴 카피, 색, 글자체, 크기, 여백, 메뉴판의 재질 등이 있다.

1) 메뉴판의 포맷

메뉴판의 포맷format은 메뉴판의 크기, 접는 형태 및 패널panel의 수 등에 따라 그 형태가 정해진다. 나인메이어Ninemeier에 의하면 메뉴판의 형태는 일반적으로 그림 3-3과 같이 구분된다고 하였다.

포맷에 따라 시선의 집중도가 달라지는데, 그에 따른 판매율도 달라지므로 메뉴 포맷을 결정했으면 포맷에 따라 레스토랑에서 가장 판매하기 원하는 아이템들의 위치를 결정할 수 있다.

한 페이지로 구성된 싱글 패널 메뉴의 경우 메뉴를 반으로 나누었을 때 중간보다 위쪽에 시선이 집중되어 그 결과, 판매율도 중간 이상의 아이템들에 집중된다.

두 페이지로 접는 형식의 투 패널 폴디드 메뉴의 경우 눈의 이동은 오른쪽 페이지를 1/2로 분할하여 왼쪽 페이지의 상단에서 오른쪽 페이지의 하단 1/4 지점을 잇

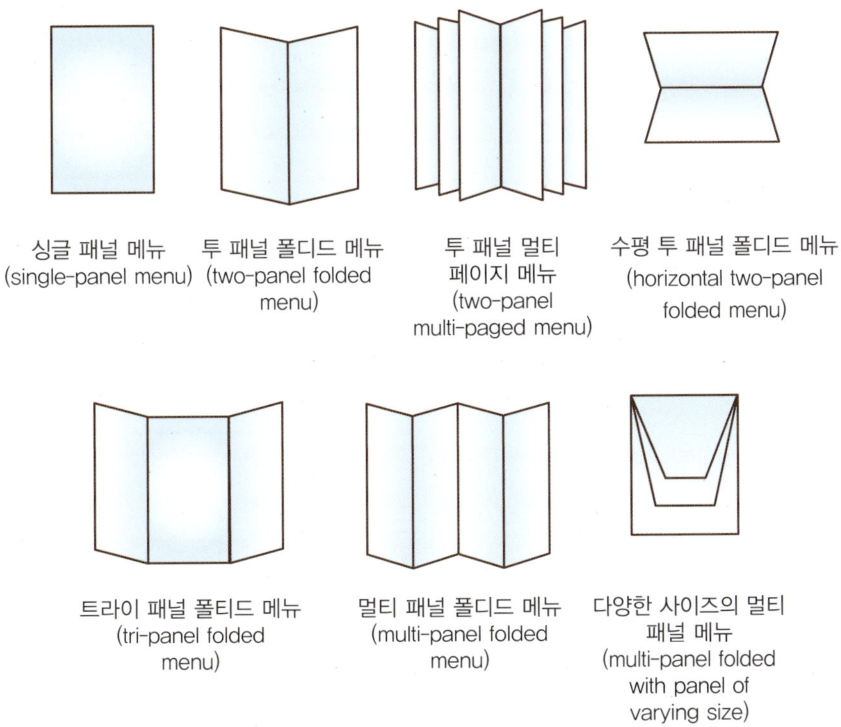

그림 3-3 메뉴판의 포맷

출처 : 나정기(2004) ; Jack E. Miller & David V. Pavesic(1996)

는 선의 상단 부분에 시선이 집중되어 그곳에 위치한 아이템들의 판매율이 높다. 학자에 따라서는 우측 1/2 상단에 시선이 집중된다고 하기도 한다.

두 번 접는 형식의 트라이 패널 폴디드 메뉴의 경우 눈의 이동은 가운데 페이지의 중간 위부터 시작하여 오른쪽 페이지의 상단으로 이동한 다음 가운데 페이지를 가로질러 왼쪽 페이지 상단으로 이어진다. 그 후 왼쪽 하단으로 이동한 다음 다시 가운데 페이지를 사선으로 가로질러 오른쪽 페이지 상단으로 움직이고 이어서 우측 하단으로 이동한다. 마지막으로 가운데 페이지를 다시 사선으로 가로질러 출발했던 지점으로 돌아온다. 밀러와 파베식Miller & Pavesic에 따르면 처음과 마지막에 시선이 집중된 곳의 아이템이 판매율이 높으므로 가운데 페이지의 아래에서 1/3 상단에 위치한 아이템들의 판매율이 가장 높다고 하였다. 학자에 따라서는 가운데 페이지의 1/2 상단이 가장 시선 집중도가 높다고 하기도 한다.

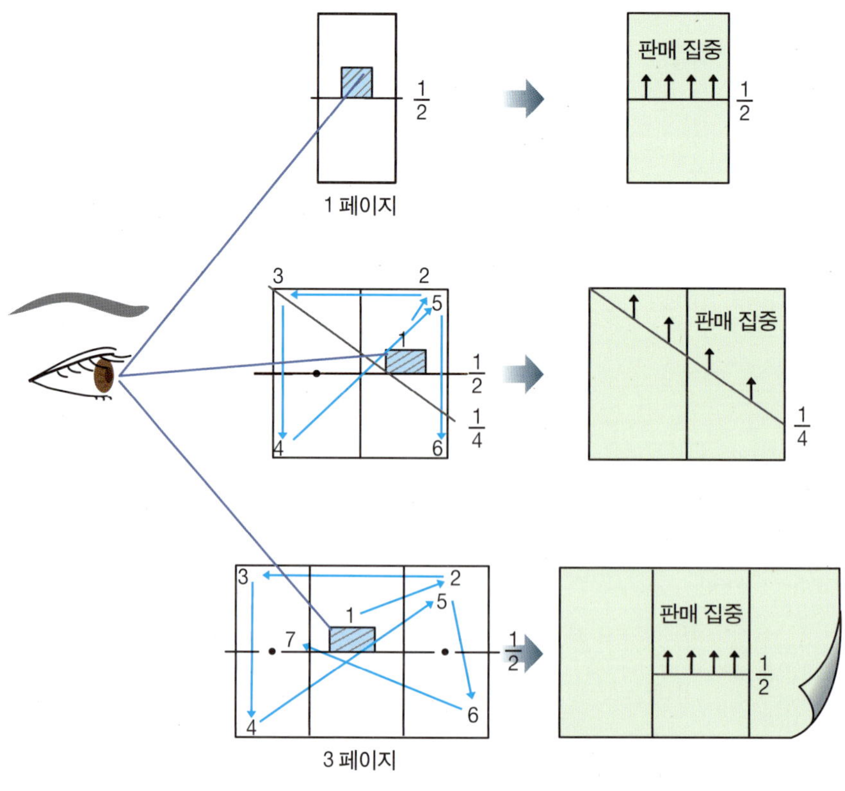

그림 3-4 눈의 이동 원리와 판매율과의 관계

출처 : 나정기(2004) ; Jack E. Miller & David V. Pavesic(1996)

2) 메뉴판의 크기

메뉴판의 크기는 메뉴 아이템의 수, 패널의 수 그리고 페이지 수에 의해 결정된다. 미국레스토랑협의회NRA에 따르면 가장 이상적인 메뉴판의 크기는 9×12인치 22.86×30.48cm이다. 다른 크기와 형태도 레스토랑의 콘셉트에 따라 다양하게 사용할 수 있지만 고객이 잘 볼 수 있고 테이블 사이즈와 테이블 세팅에 적합한 크기여야 한다. 트라이 패널tri-panel, 투 폴드 포맷two-fold format이 판촉 효과를 떨어뜨리지 않으면서 메뉴 카피를 위한 최대한의 공간을 제공하므로 추천할 만한 포맷이다.

3) 메뉴 카피

메뉴는 광고의 수단으로 이용되는데, 메뉴 카피는 판매하고자 하는 메뉴 아이템을 소개하는 문구이다. 메뉴 카피는 헤딩, 서술적인 카피, 서플리멘털 머천다이징 카피로 나뉜다.

(1) 메뉴 카피의 카테고리

① 헤딩

헤딩heading은 일품요리 메뉴à la carte menu : 알 라 카르트 메뉴인 경우 전채, 수프, 주 요리 등 메뉴 그룹menu group, 또는 코스을 분류하는 주 헤드major heads와 메뉴 그룹을 세부적으로 분류하는 그룹 분류group classification인 서브 헤드sub heads, 그리고 구체적인 메뉴 아이템의 이름으로 나누어진다. 많은 경우 서브 헤드는 생략되고 주 헤드와 메뉴 아이템의 이름만 사용된다.

정식요리 메뉴table d'hôte menu : 타블 도트 메뉴인 경우는 구체적인 메뉴 아이템의 이름만이 코스별로 나열된다. 혼합 메뉴combination menu의 경우는 주 헤드와 함께 서브 헤드가 주 메뉴와 동일한 위치에서 메뉴 아이템을 분류하는 기준으로 쓰인다.

② 서술적인 카피

서술적인 카피descriptive copy에는 조리, 특별한 주 재료, 동반식품과 서빙 방법,

품질 등급 또는 신선도와 같은 재료의 질, 재료의 원산지, 포션 사이즈, 가격 등을 나타낸다.

메뉴에 표기된 내용에 대한 최종 책임은 경영자오너와 운영자에게 있다. 한편, 특정 식품첨가물과 재료는 특정 고객에 부작용을 줄 수 있으므로 표기 시 주의를 요한다. 서술적인 카피를 만들 때에는 과장되지 않게 간단한 문구와 짧은 문장을 사용한다. 이때 잘 알고 있는 아이템에 대한 긴 설명은 삼간다.

포션 사이즈의 경우 재료의 양은 원재료의 양을 표기한다. 스테이크의 경우 중량g으로 표기할 수도 있고 미니mini 또는 프티 스테이크petit steak와 같이 포션 사이즈를 표기할 수도 있다. 가격 표기를 할 때 고려해야 하는 것은 고객이 음식의 가격을 보기 전에 서술적 카피를 읽어 가격으로 인해 메뉴 아이템을 배제하지 않도록 하는 동시에, 아이템에 가격 표기를 가까이 위치시켜 고객이 가격을 나중에 발견하고 심리적 부담을 느끼지 않게 하는 것이다.

③ 서플리멘털 머천다이징 카피

서플리멘털 머천다이징 카피supplemental merchandising copy는 레스토랑에 대한 정보를 제공할 때 사용된다. 상호, 로고, 레스토랑의 철학, 전화번호, 홈페이지, 영업시간, 봉사료나 세금, 주차 방법 등 메뉴 아이템 이외의 정보를 제공한다. 특별히 레스토랑이 역사적 유래가 있는 곳이거나 친환경과 같은 뚜렷한 철학을 배경으로 하고 있으면 서플리멘털 머천다이징 카피를 통해 고객에게 알려 고객의 구매 만족도를 높인다.

(2) 카피의 배열

메뉴 카피의 배열에는 눈의 움직임eye movement 원칙을 염두에 두어야 하지만 고객의 입장에서는 코스별로 카피가 배열되어 있는 것을 기대하므로 식사 순서대로 배열되는 것이 원칙이다. 메뉴의 첫 부분과 끝 부분이 가장 기억에 남는다는 연구보고가 있으므로 가격 순서대로 메뉴를 나열하지 않고 수익률이 가장 높고 가장 고가의 메뉴를 리스트의 첫 번째나 마지막에 놓는 것을 고려한다.

4) 여백

메뉴판에 메뉴 카피가 들어가고 남는 공간을 흰 여백white space이라고 하는데, 혼잡한 느낌을 주지 않고 고객의 메뉴 선택이 수월하도록 하기 위해서는 흰 여백 공간을 최소 50% 남기는 것이 필요하다. 반면, 충분히 활용되지 못해 빈 공간으로 보이는 여백을 남겨서는 안 되며, 이런 경우에는 그날의 메뉴와 같은 특별 메뉴를 광고하는 공간으로 활용할 수 있다. 메뉴의 외곽 부분을 의미하는 마진margin은 메뉴판이 균형이 잡히도록 일정하게 배치한다.

그림 3-5 여백이 충분한 메뉴판의 예시

출처 : wikimedia commons

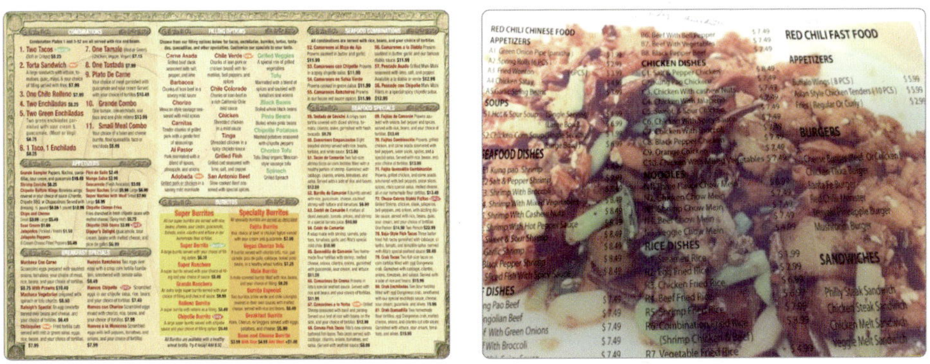

그림 3-6 여백이 부족한 메뉴판의 예시

5) 타이포그래피와 가독성

메뉴 카피의 공간상의 적절한 안배, 서체, 글자의 크기, 행의 길이 및 행간 간격 등 인쇄상 고려해야 할 요소들을 고객에게 가장 효과적으로 메시지를 전달하도록 이용하는 기술을 타이포그래피typography라 한다. 타이포크래피가 우수한 메뉴는 고객이 메뉴를 접했을 때 읽고 이해하는 가독성이 높아진다.

(1) 서체

글자체는 수많은 서체들이 개발되어 있는데, 이 중 레스토랑과 주 고객의 성격에 맞게 고르는 것이 필요하다.

글자체는 크게 세 종류로 나뉜다. 각 글자체 내에서 수많은 변형이 생겨난다.

- 명조체serif typefaces : 고전적인 느낌을 내는 메뉴에 적합하다.
- 고딕체sans serif typefaces : 좀 더 현대적인 느낌을 나타낸다.
- 필기체script typefaces : 프린트상 다양성을 더하거나 강조하고 싶은 메뉴의 경우 사용하지만 주의 깊게 이용해서 가독성에 방해가 되지 않도록 한다.

영문의 경우에는 대문자와 소문자 표기에도 적정량의 안배를 고려해야 하는데, 소문자의 표기가 대문자 표기의 2배 정도 많은 것이 가독성에 효과적이다. 따라서 메뉴가 영문으로 작성될 경우 대문자는 주 헤드 또는 서브 헤드 및 강조하고자 하는 메뉴에 한정하여 사용하는 것이 좋다. 또한 3종류를 초과하는 글자체를 사용하면 가독성을 떨어뜨린다.

그림 3-7 타이포크래피의 중요성(전후 비교 사진)

출처 : 이름채 제공

SPAGHETTI, STEAK
Spaghetti, Steak

그림 3-8 대문자로만 구성된 단어와 대 · 소문자가 섞인 글자의 예시

(2) 글자의 크기, 행의 길이와 행간 간격

글자의 크기는 메뉴판의 공간에 맞고 가독성이 있는 크기의 활자를 선택해야 한다. 따라서 레스토랑의 주 고객이 쉽게 읽을 수 있는 글자의 크기를 선택하는 것이 중요하다.

서술적인 카피descriptive copy의 경우 학자에 따라 적합한 크기를 달리하는데, 8약 2.8mm : 1포인트는 0.35146mm~12포인트약 4.21mm 사이로 다양하다. 밀러와 파베식Miller & Pavesic의 경우 12포인트 이하의 글자 사이즈는 피하라고 권고한다. 행의 길이는 3인치약 7.62cm가 가독성이 높다. 행과 행 사이의 간격leading, 레딩도 가독성에 영향을 미치는데, 최소 3포인트1.054mm가 되어야 가독성을 방해하지 않는다. 국내

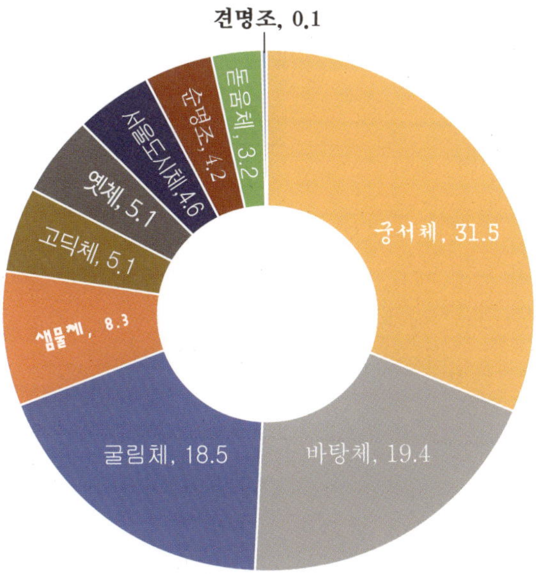

그림 3-9 글자체의 선호도 연구 결과(단위 : %)

출처 : 이종신(2007). p. 45를 참고하여 저자 재구성

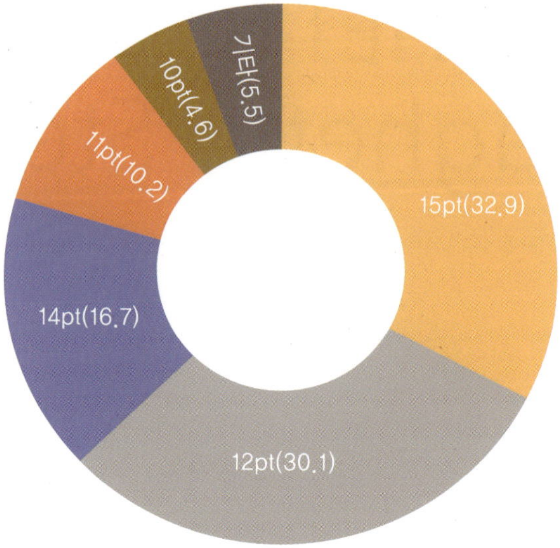

그림 3-10 글자 크기에 따른 선호도 연구 결과(단위 : %)

출처 : 이종신(2007). p. 45를 참고하여 저자 재구성

연구에서 메뉴판에 적힌 글자 크기의 선호도를 조사한 결과 15포인트인 경우에 사람들이 가장 선호하는 것으로 알려졌다.

또한 메뉴판의 메뉴명과 설명 부분의 활자 크기를 달리하여 시각적 효과를 얻을 수 있다.

6) 메뉴에서의 색깔

색깔은 고객에게 명확한 심리적 영향을 주어 레스토랑의 이미지를 확립하고, 식욕을 자극한다. 또한 특정 메뉴 아이템을 강조하여 운영자가 팔기를 원하는 특정한 아이템의 판매율을 높이는 데 영향을 준다. 일반적으로 특정 레스토랑에 잘 사용되는 색깔이 있는데, 예를 들어 스테이크 하우스는 검은색과 빨간색을 사용하여 레스토랑의 이미지와 판매하고자 하는 아이템을 강조한다.

좋은 색상 배합은 더 고객의 높은 선택을 기대할 수 있으며, 소비자의 관심을 이끌게 된다. 연령, 성별 등 주력 고객이 누구인가에 따라서도 선호되는 색상이 있으며 유행하는 색도 있다. 이러한 유행적인 면은 긍정적인 측면과 부정적인 측면을 동시에 가지고 있으므로 유의할 필요가 있다.

각각의 색이 지니고 있는 특성에 따라 고객은 다양하게 반응하는데, 이러한 특성을 이용해 레스토랑이 전달하고자 하는 메시지를 효과적으로 전달할 수 있다. 짙은 붉은색과 자주색은 부와 다양함을 전하므로 객단가가 높은 레스토랑에 사용할 때 효과가 있다. 즉, 색의 결정은 레스토랑의 콘셉트concept에 따라 결정되어야 하기 때문에 어떤 색이 가장 이상적이라고 설명하기는 어렵다.

또한 나라별 레스토랑은 그 나라 국기나 대표음식 또는 확립된 테이블 세팅에 따른 대표적인 색깔이 있으므로 메뉴 작가는 이러한 색깔들을 활용할 수 있다. 그러나 색깔이 많을수록 비용이 증가하고 또 지나친 색의 사용은 메뉴를 접할 때 고객의 주의를 방해하므로 색깔의 선택에 주의를 요한다. 지나치게 강한 색도 특별한 효과를 위한 것이 아니라면 배제하는 것이 좋으며, 레스토랑의 주 고객층이 공통적으로 선호하는 색깔을 반영하는 것도 고려해야 한다.

가독성의 경우는 일반적으로 흰색 바탕에 검은색 글씨가 어두운 색 바탕에 밝은 글씨보다 가독성이 33% 더 좋다. 색깔은 일반광과 레스토랑의 조명에 따라 다른 효과를 보이는데, 레스토랑의 조명 아래에서 테스트하여 원하는 효과가 나오는지 확인해야 한다.

표 3-1 바탕색에 따라 가독성 정도

아주 높음		보통		낮음	
바탕색	글자색	바탕색	글자색	바탕색	글자색
노란색	검은색	흰색	파란색	검은색	흰색
흰색	초록색	파란색	노란색	노란색	빨간색
흰색	빨간색	빨간색	흰색	빨간색	초록색
흰색	검은색	초록색	흰색	초록색	빨간색

출처 : Lendal H. Kotschevar, Management by Menu(1975)

그림 3-11 바탕색에 따른 가독성 정도

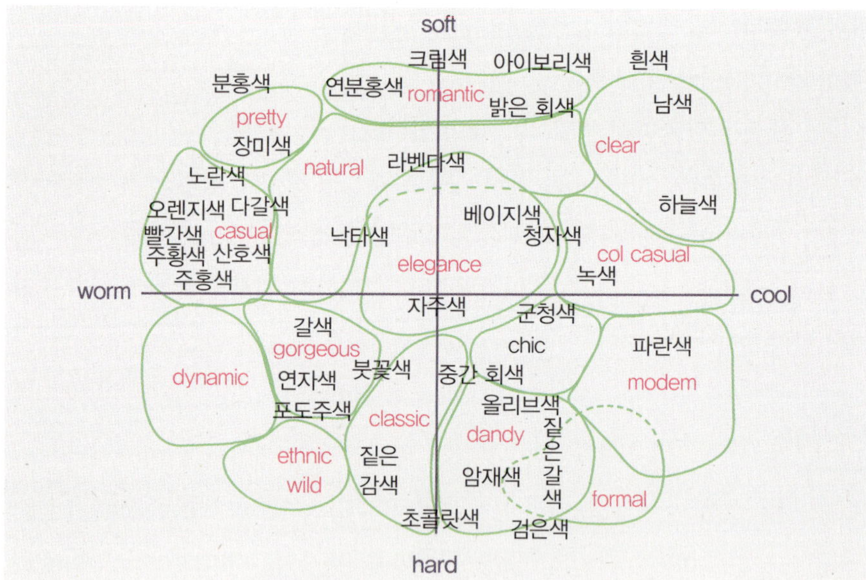

그림 3-12 컬러 이미지 스케일

출처 : 조춘봉 외(2016)

7) 메뉴판의 재질

레스토랑의 특성과 형태에 따라 메뉴판에 사용되는 종이의 품질이 달라진다. 메뉴의 교체 시기에 따라 사용되는 종이의 품질과 형태가 달라지는데, 메뉴가 매일 바꿔는 곳에서는 일반적으로 가격이 낮은 종이를 사용하고, 교체 시기가 긴 메뉴의 경우는 코팅된 메뉴를 사용한다. 메뉴판에 이용되는 종이 선택을 위해 색깔, 무게, 재질 등이 다양한 샘플을 구비해 놓는 것이 좋다. 최근에는 종이뿐만 아니라 아크릴과 같은 특수한 재질을 이용하거나 전자 메뉴판과 같은 특수 메뉴판도 등장했다.

8) 기타 메뉴판 디자인 시 고려사항

업체들 간의 경쟁심화와 고객들의 수준이 높아짐에 따라 메뉴관리 운영자는 지속적으로 연구하여 메뉴를 개발하고 수정해야 한다. 추가적인 고려사항으로는 메뉴판의 부분 교체 가능성과 메뉴판의 사진 촬영이 있다.

(1) 메뉴판의 부분 교체 가능성을 고려

식당 운영을 하면 메뉴판이 음식물에 쉽게 오염될 수 있으므로 교체를 할 수 있어야 하며 새로 개발된 메뉴를 넣을 수 있으면 그만큼 좋은 메뉴판이 될 수 있다. 최근 유명셰프들이 운영하는 레스토랑은 주기적으로 메뉴 변경을 시도한다. 따라서 대부분 메뉴판의 겉표지는 콘셉트에 맞춰 디자인을 하고 속지는 쉽게 교체할 수 있는 종이를 활용한다.

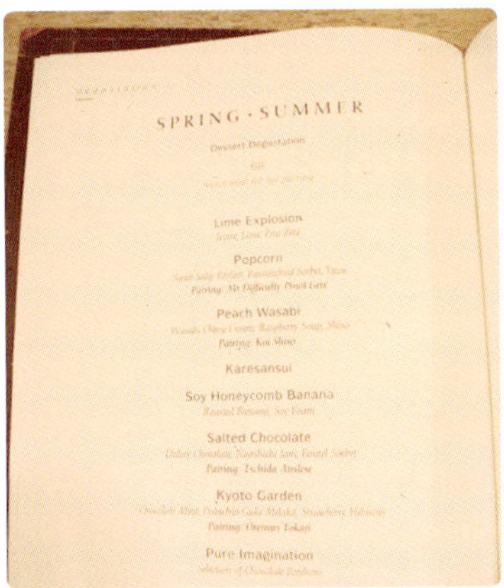

그림 3-13 싱가포르 '2am' 레스토랑의 메뉴판

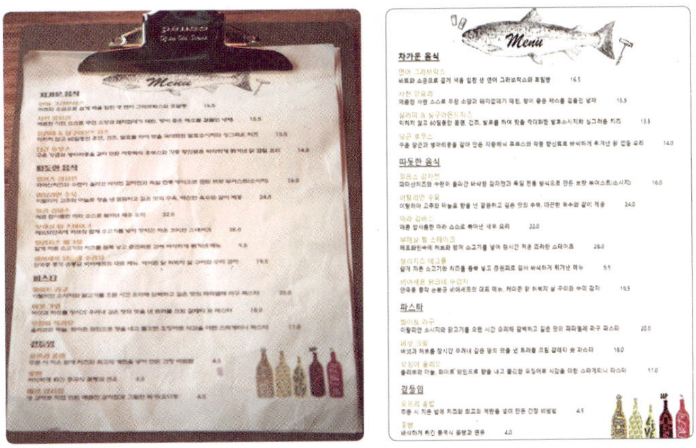

그림 3-14 교체하기 쉬운 메뉴판 예시

(2) 메뉴판의 사진 촬영

일반적인 식당은 고객들의 선택을 이끌어 내기 위하여 메뉴 사진 촬영에 많은 노력을 한다. 그 이유는 맛을 보고 결정할 수 없는 음식의 특성상 고객들은 메뉴판에 제시된 사진과 설명만을 토대로 결정을 하기 때문이다. 사진 촬영에 가장 기본적인 요소로는 조리개를 뜻하는 F값과 셔터 속도의 관계를 이해해야 한다.

그림 3-15와 같이 어두운 조명의 분위기에서 사진 촬영 경험은 누구나 한 번씩 있을 것이다. 카메라는 일정량의 빛이 있어야 촬영이 가능하다.

그림 3-15 레스토랑 사진 촬영을 위한 조명 활용 예시

F값은 조리개의 개방 정도를 의미하는 것으로 값이 낮을수록 카메라 렌즈가 개방되어 빛을 받는 면적이 넓어짐을 의미한다. 그렇기 때문에 어두운 곳에서의 촬영은 F값이 낮을수록 촬영이 용이하다. 또한 F값이 낮을수록 아웃 포커싱이 되어 강조하고 싶은 사물을 더 부각할 수 있다. 반대로 접시에 있는 모든 식재료를 나타내기 위해서는 F값을 높여야 주변이 왜곡되지 않는다.

셔터 속도는 카메라 조리개의 개방 시간을 의미한다. 속도가 빠를수록 순간적인 포착을 할 수 있으며 빛을 적게 받아들인다. 반대로 속도가 느릴수록 빛을 많이 받아들이게 된다. 그렇기 때문에 어두운 곳에서는 셔터 속도를 느리게 하여 촬영을 하기 위한 적정 수준의 빛을 받아야 촬영이 가능하다. 단시간 동안 조금이라도 움직이면 사진은 흔들리게 되므로 삼각대를 활용해야 한다.

1/250 f4 ISO 200

그림 3-16 F값이 낮은 경우의 사진

1/125 f11 ISO 200

그림 3-17 F값이 높은 경우의 사진

1/300 f5.6 ISO 200

그림 3-18 셔터 속도가 빠른 촬영(메뉴 훈연과정)

Know 2

카메라의 이해

- **1/300 : 셔터 속도로 1/300초를 의미한다**

시간이 짧아질수록 순간적인 포착이 용이하나 빛이 들어가는 시간이 그만큼 단축되므로 적정한 빛이 필요하다. 메뉴 촬영에서는 셔터 속도를 느리게 하는 경우는 드물며 보통 빛의 궤적을 촬영할 때나 빛의 번지는 정도를 표현할 때 사용한다.

- **f5.6 : 조리개 값으로 렌즈로 들어오는 빛의 양을 의미한다**

F는 1.4, F2, F2.8, F4, F5.6, F8, F11, F16, F22, F32, F64로 구성되어 있으며 숫자가 작을수록 조리개가 많이 개방되어 빛의 양이 늘어난다. 대체적으로 조리개 값이 작을수록 비교적 어두운 곳에서 촬영이 가능하며 특정 식재료를 강조할 때(아웃 포커싱 : 배경이 뿌옇게 되는 효과) 사용한다. 대체적으로 고가의 렌즈가 많다. F값이 높을수록 풍경 사진에 유리하다. 어두운 곳에서 촬영이 어려우므로 삼각대를 사용하여 찍으며 전체적인 메뉴 풍경을 담을 때 유리하다.

- **ISO(International Standard Organization)**

빛에 대한 민감도를 나타내는 국제적인 단위로, 셔터 속도와 조리개 값 조절이 미숙한 경우 ISO를 통해서 사진의 밝기를 조절할 수 있다. ISO가 낮으면 빛에 민감하게 반응하지 않아 많은 빛이 들어와야 사진이 찍힌다. ISO가 높으면 빛에 민감하게 반응하여 적은 빛으로도 사진 촬영이 가능하다. 단, 높은 감도를 사용 시에는 노이즈가 발생하는데, 이는 사진의 디테일과 색감이 떨어지는 현상을 의미한다.

Know 3

글씨체가 주는 감정

	Stopover	머묾, 단기 체류, 의도적 멈춤
	Dominant	우세한, 지배적인, 우성인
	Gallant	용감한, 정중한
	Significant	중요한, 의미심장한
	Reputable	평판이 좋은

	Forward Thinking	장래를 고려하는, 진보적인
	Unconventional	인습에 얽매이지 않는, 색다른, 독특한
	Corporate	기업의, 법인의, 공동의
	Unique	유일무이한, 독특한, 특별한
	Legible	읽을 수 있는, 또렷한

	Distinct	뚜렷한, 별개의, 확실한
	Motion	운동, 동작
	Decorative	장식이 된, 장식용의
	Gesture	몸짓, 표시, 가리키다
	Colloquial	구어의, 일상적인, 대화체의

출처 : https://www.designmantic.com/blog/infographics/font-moods/를 기반으로 저자 재구성 ; Naver 어학사전(http://dic.naver.com) 영문 번역

CHAPTER

04 원가관리

1. 원가의 이해 | 2. 원가관리의 목적 | 3. 원가의 분류 | 4. 원가관리

CHAPTER

04

학습목표

1. 원가의 정의를 설명하고 원가 행태에 따른 원가 분류를 할 수 있다.
2. 원가관리의 중요성에 대해 설명할 수 있다.
3. 표준조리법, 표준구매명세서, 표준산출률을 설명하고 원가관리의 과정을 이해한다.
4. 손익계산서를 설명할 수 있다.

1. 원가의 이해

원가란 '상품의 제조, 판매, 배급 따위에 든 재화와 용역을 단위에 따라 계산한 가격'(네이버 국어사전, 2018)이다. 현대에 들어와 외식산업이 발전함에 따라 외식 상품의 수준이 상향 평준화되는 경향을 보이면서 고객이 기대하는 외식 상품의 가격 대비 만족도value for money에 대한 기준도 높아졌다.

고객의 기대 수준을 뛰어넘어 고객감동의 상품 경쟁력을 키우기 위해서는 기대 이상의 질을 기대 이하의 가격으로 제공하는 것인데, 이를 위해서는 원가관리가 필요하다.

원가관리란 '원가계산을 근거로 하여 경영 활동 전반을 합리화하고, 원가절감을 도모하도록 하는 경영 활동의 관리'(doopedia 두산백과, 2018)를 뜻한다. 원가관리는 표준원가를 설정한 후 실제원가와 비교하여 그 차이의 원인을 분석한 후 개선하여 차이를 줄여나가는 과정으로 진행된다.

Know 1

- **표준원가** : 재화의 소비량을 과학적 · 통계적 조사에 의하여 예상되는 가격을 계산한 원가이다.
- **실제원가** : 제조 작업이 종료되고 제품(메뉴)이 완성된 후에 소비된 가치를 산출한 원가이다.

출처 : 고성삼(2006)

2. 원가관리의 목적

원가는 전반적인 메뉴 구성에 필수적인 경영관리 도구이다. 원가관리는 식당 운영을 위한 메뉴 구성 시 불필요한 지출 손실을 최소화하여 안정적인 경영 활동을 하기 위한 구체적인 원가 통제 도구로 사용된다. 소비자에게 합리적인 가격을 제

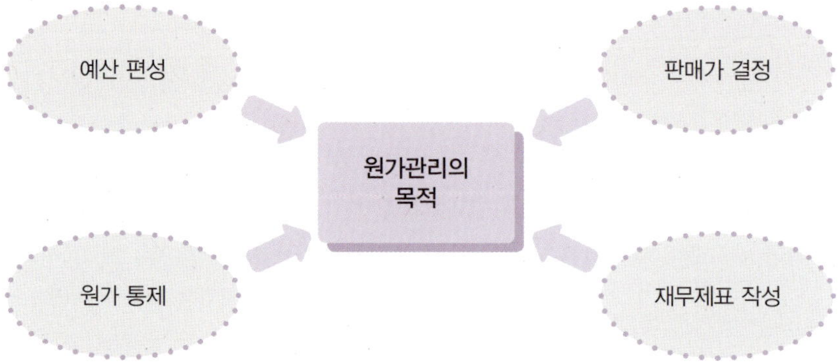

그림 4-1 원가관리의 목적

시하기 위해 필수적이다. 또한 전반적인 예산 편성을 통하여 재무제표 등의 수치를 제공한다.

3. 원가의 분류

원가는 사용 목적에 따라 분류 방식이 다양하며 측정 방식도 다양하다.

1) 원가의 3요소에 의한 분류

원가의 3요소는 재료비material cost, 노무비labor cost, 경비overhead cost로 분류된다. 재료비와 노무비를 합해서 프라임 코스트prime cost 또는 기본 원가라 부른다.

(1) 재료비

재료비material cost는 제품을 제조하기 위하여 들어가는 재료의 가치를 화폐 단위로 환산한 것을 뜻한다. 재료비 중 특정 제품에 투입된 양을 현실적으로 추적 가능한 것은 직접재료비, 그렇지 않은 것은 간접재료비로 나눈다. 주요 식재료는 직접재료비에 속하며 보조식재료, 기구, 소모공구, 기구, 비품 등은 간접재료비에 속한다. 그림 4-2에 제시된 것과 같이 음식과 함께 나온 식기접시, 컵, 포크, 나이프 등와 튀김을

Know 2

원가의 이해

- 원가의 3요소 : 노무비, 경비, 재료비
- 프라임 코스트(prime cost : 기본 원가, 직접비, 변동비) : 노무비+재료비
- 제비용 : 노무비+경비
- 경비(overhead, operating cost, 운영비, 간접비, 고정비) : 렌트(rent) 또는 모기지(mortgage), 관리비(전력비, 난방비 등), 세금(taxes), 허가증(licenses), 보험(insurance) 등
- 가격 : 원가 + 이윤

원가의 실제

구분	위탁급식	직영급식	외식업체	호텔 (레스토랑)	호텔 (연회주방)
노무비 (인건비, labor)	45%	45%	40%	45%	25~30%
경비 (overhead)	10~15%	10%	15%	13%	25%
재료비 (food cost)	35%	45%	30%	37%	25%
이윤(profit)	5~10%	0%	15%	5%	20~25%

* 직영급식은 전반적으로 이윤을 남기지 않고 재료비에 더 많은 비율을 사용

만들기 위한 튀김기는 간접재료비에 포함된다.

특히, 식재료비는 표준 레시피 및 표준 1인분 양을 선정해 운영해야 한다. 표준 레시피는 메뉴의 재료, 소요량, 표준원가의 기준을 잡을 때 사용하며 조리 방법 및

그림 4-2 간접재료비의 예시

출처 : Google

과정도 세세히 기재한다. 표준 1인분 양은 크기, 수량, 중량을 메뉴별로 나타낸 것으로 고객 불만customer complain 요소를 사전에 제어 가능하다.

(2) 노무비

노무비labor cost는 제품 생산을 위하여 직·간접으로 소비되는 노동력의 가치를 화폐 단위로 환산한 것이다. 노무비에는 임금, 급료, 잡급, 상여수당, 퇴직급여 충당금 전입액, 법정 복리비, 기타 복리 후생비건강보험료, 실업보험료, 교육비 등가 포함된다.

노무비도 직접비와 간접비로 나뉘는데, 제품의 제조활동에 직접 투입된 조리사의 임금을 계산한 직접노무비와 직접 투입되지는 않았지만, 생산 활동을 관리 감독하는 감독자주방장나 식기의 세척, 청소 등을 담당하는 간접 투입된 조리사들의 임금을 계산한 간접노무비로 나뉜다. 노무비는 메뉴 구성에 직접적인 영향을 미치므로 메뉴 조리 시 숙련도에 따른 임금에 따라 메뉴 가격을 고려해야 한다.

(3) 경비

경비overhead cost는 운영비라고도 하며, 제품의 제조를 위해 소비되는 원가 중 재료비와 노무비를 제외한 원가요소를 일컫는다. 경비는 특정제품에 투입된 원가가 직접적으로 추적 가능하면 직접경비가 되고 그렇지 않으면 간접경비가 된다.

하지만 직접경비는 소액으로만 존재하므로 대부분의 경비는 간접경비로 분류된다. 특정 제품에 투입된 원가가 추적이 어려우므로 경비는 제품에 일정한 기준으로 분배해서 계산한다.

크게 다음과 같이 네 부류의 경비가 발생한다.

- 서비스 소비 : 렌트rent, 전력비, 난방비
- 물품 소비 : 비품비
- 사회적 비용 : 세금taxes, 허가증licenses, 보험insurance
- 경제 가치의 손실 : 감가상각비, 재고 감손비

Know 3

감가상각

기업 경영을 위해서는 자산이 필요하다. 자산은 크게 토지 건물, 기계와 가구(furniture), 30만 원 이상의 기기(equipment) 및 비품, 특허권, 영업권 등과 같이 쉽게 현금화하지 못하는 고정자산과 현금, 증권, 원재료, 예금과 같이 쉽게 현금화할 수 있는 유동자산으로 나눈다.

이 중 고정자산은 일정 기간이 지나면 그 가치가 떨어지는 성질을 가지고 있다. 예를 들어, 기계를 사용하면 시간의 경과에 따라 내구성이 감소되고 많이 사용하지 않아서 상대적으로 원형을 유지하고 있는 기계라 할지라도 계속적으로 더 성능이 좋은 신모델의 기계가 나오므로 상대적으로 가치가 떨어지기 때문이다. 고정자산에서 내용연수(고정자산을 평균적으로 사용할 수 있는 연수)에 따른 고정자산의 가치하락을 일정 비율로 계산하여 감하는 것을 감가상각이라 한다.

감가상각에는 크게 두 가지 방법이 있는데, 해마다 같은 가치를 감하는 정액법과 초기에는 많은 비율로 감하고 시간이 흐름에 따라 낮은 비율로 감하는 정률법이 있다. 한편, 고정자산에서도 영구 사용이 가능한 토지나 차지권(광업권 · 어업권)의 경우는 감가상각에서 예외로 취급된다.

정액법

$$\text{감가상각비} = \frac{\text{구입가격} - \text{잔존 가치(내용연수에 이르렀을 때의 가치, 일반적으로 구입 가격의 10\%)}}{\text{내용연수}}$$

2) 원가 행태에 의한 원가 분류

다음은 원가 행태에 의한 분류이다. 원가 행태cost behavior란 조업도volume의 변동에 따라 일정한 양상으로 변화하는 원가의 변화 형태를 의미한다. 조업도란 기업이 보유한 자원의 활용 정도를 나타내는 수치로서 산출량은 생산량 · 판매량총 매출 등으로 표시하고 투입량은 직접 노동 시간, 기계 가동 시간 등으로 표시한다.

원가 행태에 따라 원가는 고정원가와 변동원가로 나뉘며, 고정원가는 순수고정원가와 준고정원가로, 변동원가는 순수변동원가와 준변동원가로 다시 나뉜다.

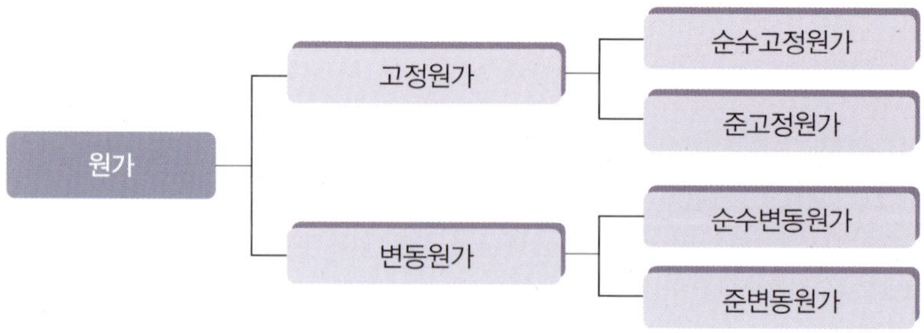

그림 4-3 원가 행태에 의한 원가 분류

(1) 변동원가

변동원가variable costs는 원가 총액이 조업도의 증감에 따라 비례적으로 변화하는 원가를 말한다. 예를 들면, 직접재료비, 직접노무비, 판매량에 따라 일정률로 지급되는 판매수수료 등의 경비가 포함된다. 식당을 기준으로는 재료비, 가공비, 포장비, 배달비 등이 해당된다.

변동원가의 원가함수 y = bx
(y : 총원가, b : 단위당 변동원가, x : 조업도)

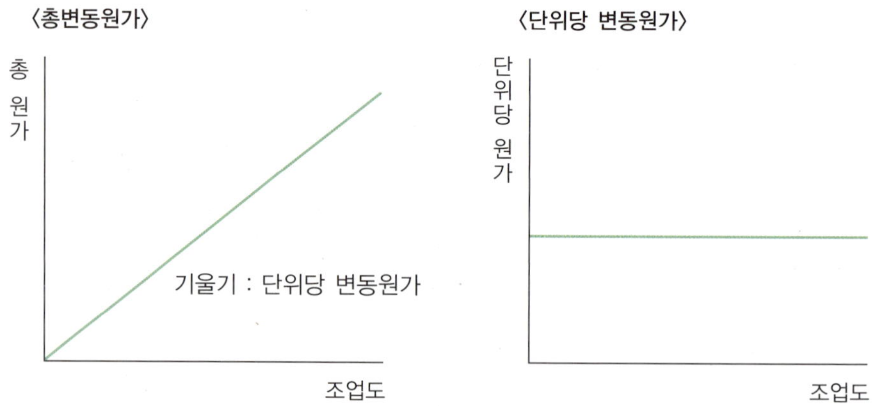

그림 4-4 변동원가

(2) 고정원가

고정원가fixed costs는 조업도의 증감과 관계없이 원가 총액이 변하지 않고 일정

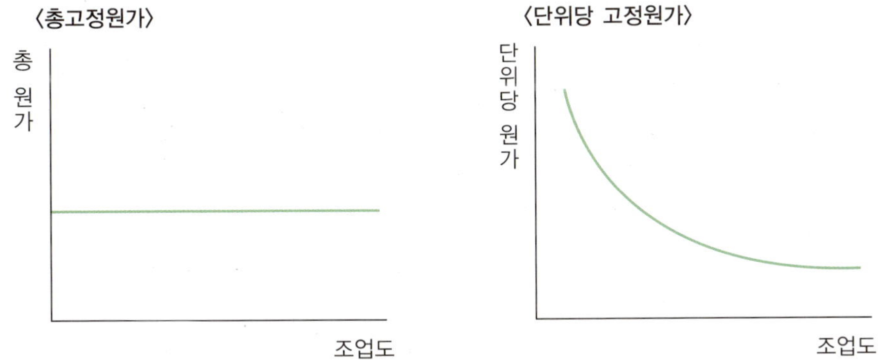

그림 4-5 고정원가

하게 발생되는 원가이다. 예를 들면, 건물이나 기계장치에 대한 감가상각비, 보험료, 임차료 등이 있다.

(3) 준변동원가

준변동원가semi variable costs는 조업도의 증감과 관계없이 일정하게 발생하는 고정원가와 조업도의 증감에 따라 비례적으로 발생하는 변동원가의 두 요소를 모두 가지고 있는 원가로서, 혼합원가mixed costs라고도 한다. 예를 들면, 거래처와의 전화요금이 많아졌을 때 전화요금은 기본비로 고정비이지만 전화 통화량이 많아지면 변동비의 요소가 추가된다.

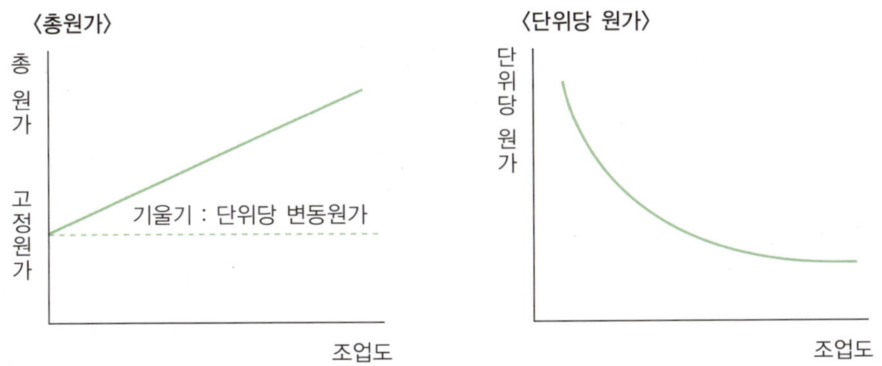

그림 4-6 준변동원가

(4) 준고정원가

준고정원가semi fixed costs는 일정한 범위의 조업도 내에서는 일정한 금액이 발생하지만, 그 범위를 벗어나면 원가발생액이 달라지는 원가를 말하는 것으로, 계단원가step costs라고도 한다. 예를 들면, 주문량이 일시적으로 많아질 때 파트타임 직원을 추가로 고용하는 경우가 이에 해당된다. 스파게티 주문량이 50그릇 늘어날 때마다 직원 1명이 추가되어야 한다면, 주문량이 1~50그릇 늘어나면 직원 1명, 51~100그릇이 늘어나면 2명, 101~150그릇이 늘어나면 3명으로 주문량에 따라 계단식으로 파트타임 직원의 인건비가 증가하는 것을 볼 수 있다.

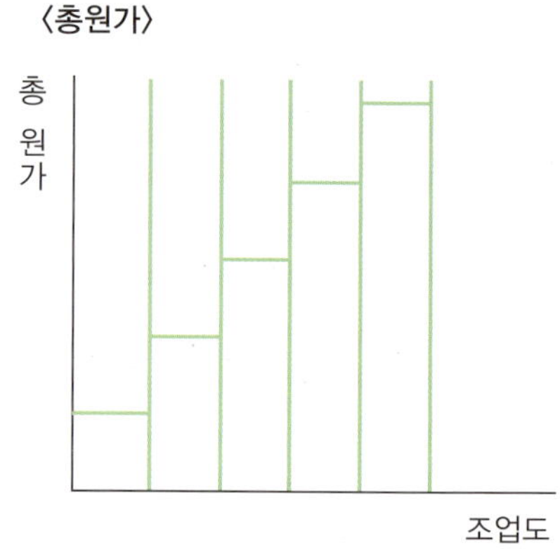

그림 4-7 준고정원가

3) 원가의 구조

원가는 직접원가에서 총 원가에 이르기까지 다양한 형태로 분류된다.

(1) 직접원가

직접원가direct cost는 제품을 제조하기 위하여 투입된 직접적인 원가 요소인데, 직접재료비, 직접노무비, 직접경비로 구성된다. 직접원가는 현실적으로 측정 가능한 원가로 경비의 경우는 외주 가공비, 판매량에 따라 일정률로 지급되는 판매수수료 또는 특허 사용료 등 특별한 경우를 제외하고는 대부분 측정이 용이하지 않은 원가이다.

(2) 제조원가

제조원가manufacturing cost는 직접원가에 제품 생산을 위한 간접적 원가제조간접비인 간접재료비, 간접노무비, 간접경비가 합해진 원가이다. 제조간접비에는 공장 건물이나 설비에 대한 감가상각비, 보험료, 수도 광열비 등이 포함된다. 일반적으로 제품원가를 일컫는다.

(3) 총원가

총원가total cost는 제조원가에 제품을 판매하기 위한 비제조원가직 · 간접 판매비와 일반관리비가 합해진 것이다. 비제조원가에는 판매원의 임금, 사무실 · 매장 감가상각비, 포장비, 운반비 등이 포함된다. 총원가는 제품의 생산부터 판매되기까지의 모든 비용을 감안한 것이다. 총원가에 판매이익을 더하면 판매가격이 된다.

4. 원가관리

원가관리는 원가계산을 근거로 하여 경영 활동 전반을 합리화하고, 원가절감을 도모하는 것으로 이를 위해서는 표준원가를 설정한 후 실제원가와 비교하여 그 차이의 원인을 분석하고 개선하여 차이를 줄여나가는 과정이 필요하다.

1) 표준원가

과학적 · 통계적 분석을 통하여 사전에 목표가 될 만한 원가를 설정하여 효과적으로 원가를 관리하기 위해 표준원가가 계산된다. 표준원가를 설정하기 위해 표준화되어야 하는 분야는 표준분량, 표준조리법, 표준구매명세서 그리고 표준산출률 네 가지이다.

(1) 표준분량

메뉴에 표기된 가격으로 판매되는 아이템의 1인분의 분량, 중량, 크기, 개수가 얼마인지를 명기한 것을 표준분량standard portion size이라 한다. 표준분량을 사용하

표 4-1 양파수프 표준분량

품목	단위	분량	비고
양파	g	200	
월계수잎	장	1/3	
식용유	mL	20	
적포도주	mL	20	
콩소메	mL	200	
송아지육수	mL	200	
로즈메리(건조)	g	1	
소금	g	3	
검정후추	*pinch		

* pinch : 약간

** 1인분 : 200mL

면 제공되는 음식의 품질을 일정하게 유지할 수 있는데, 고객에게 과도한 양을 제공하여 원가를 높이거나 너무 적은 양을 제공하여 고객의 불만족 요소가 되지 않도록 방지하는 효과가 있다.

표준분량에 따라 재료를 정확히 측정할 수 있도록 사용 재료 명칭을 표기하고, 계량 단위는 'g', 'mL'로, 수량은 아라비아 숫자로 표기하며 품목에는 손질 상태슬라이스, 다이스, 큐브 등, 재료의 상표 등을 정확히 표기하여야 한다.

(2) 표준조리법

표준조리법standard recipes은 메뉴의 아이템별로 그 아이템을 생산하기 위한 조리법재료, 조리 시간, 온도, 조리 도구, 프레젠테이션, 서빙 방법 등을 구체적으로 제시한 것이다. 이 표준조리법이 있으면 조리사와 관계없이 일정한 품질의 제품을 생산할 수 있다는 장점이 있다.

표 4-2는 양파수프의 표준조리법으로 재료, 분량, 단가, 만드는 방법을 제시했다. 원가가 표기되어 가격 계산에 용이하다.

표 4-2 양파수프 표준조리법

품목	단위	분량	단가	합계(원)	비고
양파	g	200	3	600	
월계수잎	장	1/3	3	1	
식용유	mL	20	1	20	
적포도주	mL	20	5	100	
콩소메	mL	200	4	800	
송아지육수	mL	200	3	600	
로즈메리(건조)	g	1	3	3	
소금	g	3	2	6	
검정후추	pinch				
합계				2,130	

* 1인분 : 200mL

표 4-3은 양파수프의 OJTOn the Job Training를 위한 표준조리법standard recipes for OJT으로 재료, 용기, 작업 과정, 소요 시간이 상세히 제시되어 처음 만드는 사람을 교육시켜 동일한 결과를 낼 목적으로 사용하는 데 용이하다. 표준조리법의 기능은 다음 세 가지로 구분된다.

표 4-3 양파수프의 OJT를 위한 표준조리법

구분	작업 과정	소요 시간
양파 썰기	• 젖은 행주를 깔고 도마를 놓는다. • 양파는 길이로 반으로 썰고, 8cm 길이로 자른다. • 도마 위에 양파를 올리고, 길이로 처음 5mm는 칼을 45°로 세워서 1.2mm 두께로 썰고, 다음은 1.2mm로 썬다.	5분
양파 볶기	• 중간 불꽃의 스토브 위에 프라이팬을 올려서 4분간 가열하고, 식용유를 두른다. • 얇게 썬 양파 100g을 넣고 연한 갈색이 되면(6분) 양파100g을 더 넣고 다시 갈색이 되도록 10분간 더 볶는다. • 양파가 눌어붙지 않도록 나무주걱으로 프라이팬의 바닥을 저어 준다.	20분

구분	작업 과정	소요 시간
적포도주 넣기	볶은 양파에 적포도주를 넣고 은근히 졸인다.	2분
육수 넣기	볶은 양파에 송아지육수, 콩소메, 허브를 넣고 끓으면 불을 줄여서 시머링(simmering)으로 15분간 끓인다. 수시로 불순물을 제거한다.	15분
양념하기	소금과 후추로 양념한다.	30초
수프 담기	수프 용기에 완성된 양파 수프를 담아 뜨겁게 제공한다.	2분
합계		42분 30초

- 표준조리법은 투입된 재료비를 계산하여 판매 가격을 결정하는 기능이 있다. 투입된 재료의 양, 품질 등이 금액으로 환산되어 합산된 것으로, 납품 시기에 따라 매입 가격이 변경된 경우에는 날짜를 구분하여 판매 가격을 다시 계산하여야 한다.
- 표준조리법은 업무 통일의 기능이 있다. 표준조리법에 만드는 방법과 완성된 제품의 사진을 부착하여 각각의 조리사가 완성할 때 사용하는 접시와 장식을 포함하여 제공되는 형식 및 양 등을 통일시키는 것이다.
- 표준조리법은 신입사원 또는 다른 직원을 교육OJT하기 위한 기초 자료로 사용된다. 신입사원 또는 새로운 직원을 교육하기 위하여 만드는 과정을 설명하면서 시연하고, 피교육자는 각 과정별로 작업하게 하여 시간 내에 제품을 완성하고, 평가하여 원하는 품질 수준이 되면 교육이 완성되는 것이다. 실패하면 재교육을 실시한다.

(3) 표준구매명세서

표준구매명세서standard purchase specification는 메뉴 아이템을 만들기 위한 각각의 재료 품목에 대해 품질색, 맛 등, 크기, 중량 등을 원하는 기준으로 상세히 기술해 놓은 것이다. 표준구매명세서를 이용하면 구매처에 확실한 기준을 제시하여 동일한 재료에 대한 비교 견적을 쉽게 받을 수 있어 결과적으로 원가관리에 도움이 된다예 : 양파는 껍질이 얇고 투명하며, 단단한 촉감이 느껴지고, 15겹 이상으로 구성되며, 크기는 300g 이상이 되어야 한다.

(4) 표준산출률

식재료는 구매 당시와 조리된 상태에서의 중량에 차이가 있다. 이는 준비 단계에서 비가식 부위의 제거로 인한 차이와 조리과정에서 수분 손실과 같은 이유로 발생하는 차이이다. 원식재료의 중량으로부터 판매 상태의 식품의 중량의 비율을 산출률이라 한다. 중간 손실을 줄여 산출률을 높이는 것이 원가관리에 도움이 되므로 표준산출률standard yield을 측정하여 관리한다.

2) 원가관리의 과정

원가관리는 그림 4-8과 같은 단계로 이루어진다.

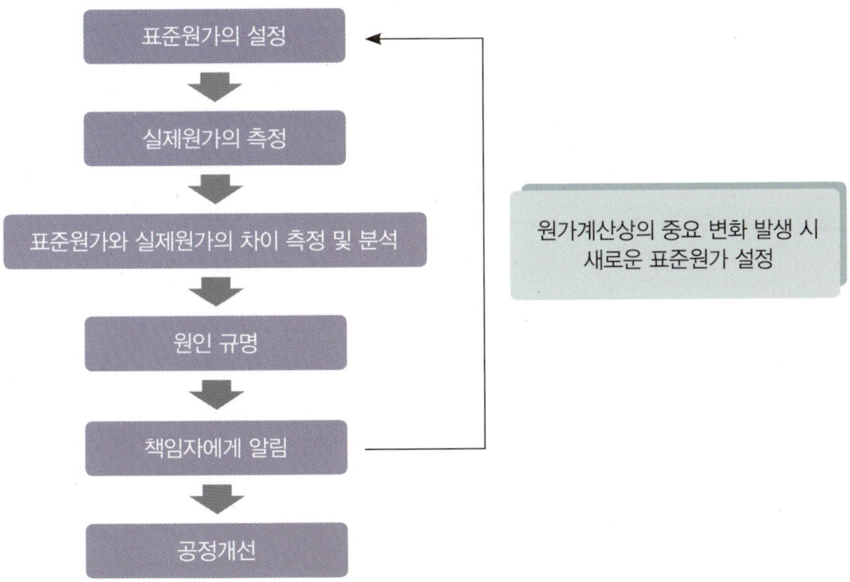

그림 4-8 원가관리 단계

표준원가와 실제원가의 차이가 났을 때 다음과 같이 체크해 볼 수 있다.

- 판매 예상을 너무 과하게 하지 않았는가?
- 적정량을 구매하였는가?

- 표준산출률은 지켜졌는가?
- 미리 과도하게 많은 양을 밑재료로 준비하지 않았는가?
- 조리 기술의 부족으로 낭비되는 재료는 없었는가?리콜은 없었는가?
- 취급 부주의로 인한 파손은 없었는가?
- 표준분량을 제대로 지켰는가?
- 식재료의 보관은 적절하였는가?
- 남은 재료의 활용은 적절하였는가?
- 도난 절도는 없었는가?

한편, 모든 절차를 제대로 밟았음에도 불구하고 생기는 차이는 식재료의 매입 가격의 변동이 심할 때나 목표 매출액과 실제 매출액의 차이가 크게 발생했을 때 고정비 또는 변동비에 차이가 발생하여 생길 수 있다. 또한 자산 구성상의 변화로 인한 고정비의 변동대출 증가로 인한 이자의 증가이 발생했을 때에도 표준원가와 실제원가에 차이가 생길 수 있다.

3) 손익계산서

손익계산서profit and loss statement는 수익과 지출을 기록하여 세전 수입을 파악하고 세후 수입인 순소득을 최종적으로 나타낸다. 손익계산서 방식은 전체적인 손익

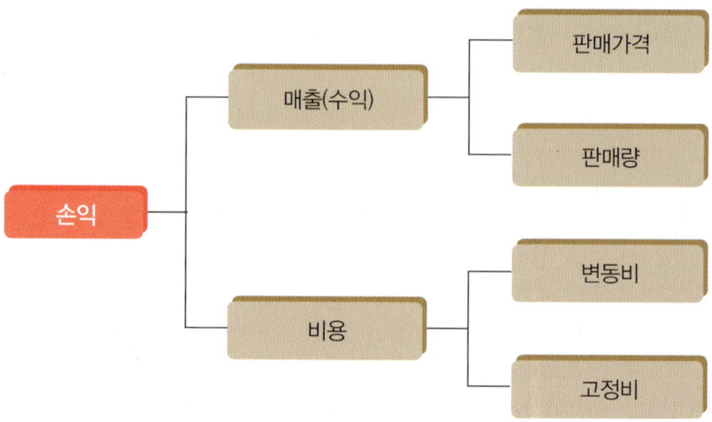

그림 4-9 손익 구조

표 4-4 토마토축제 손익계산서

수입 계획		지출 계획	
적요	금액	적요	금액
예약 티켓 판매 50매	2,500,000	식재료비(30%)	3,000,000
와인 판매 20병	1,000,000	와인	400,000
현장 티켓 판매 150매	7,500,000	인건비	(조리사) 2,000,000 (홀) 1,000,000
와인 보틀 차지(charge)	300,000	무대 설치비	1,000,000
		배너 5장	250,000
		밴드	500,000
		행사 진행자	500,000
		인테리어	400,000
합계	10,800,000		9,050,000
이익			750,000

을 쉽게 파악할 수 있어서 많이 응용되고 있다. 표 4-4와 같이 독립된 행사 혹은 일정한 기간 동안에 발생하는 총 수입을 차변에 기록하고 총 지출은 대변에 기록한다. 차변의 금액에서 대변의 금액을 공제하고 남는 부분을 이익으로 계산한다. 사업의 계획 단계에서 수입과 지출 계획을 세우고, 행사를 수행한 후에 정확한 비용을 계산함으로써 쉽게 활용할 수 있다.

Know 4

손익분기점

제품을 판매하여 매출액(C)이 고정비와 변동비를 합한 총원가(B)를 상회하게 되면서 그 레스토랑은 흑자를 내게 되는데, 총원가와 매출액이 같아지는 지점이 손익분기점(BEP : Break Even Point, M)이다. 조업도가 낮을 때에는 변동비도 따라서 낮지만 고정비가 일정하게 소비된다. 영업을 하지 않아 조업도가 0인 지점에서는 매출은 없지만, 일정한 고정비가 소비되어 적자를 기록하게 된다. 손익분기점을 지나면 조업도가 높아짐에 따라 수익도 늘어나게 된다. 한계이익(A)은 매출액(C)에서 총원가(B)를 뺀 것이다.

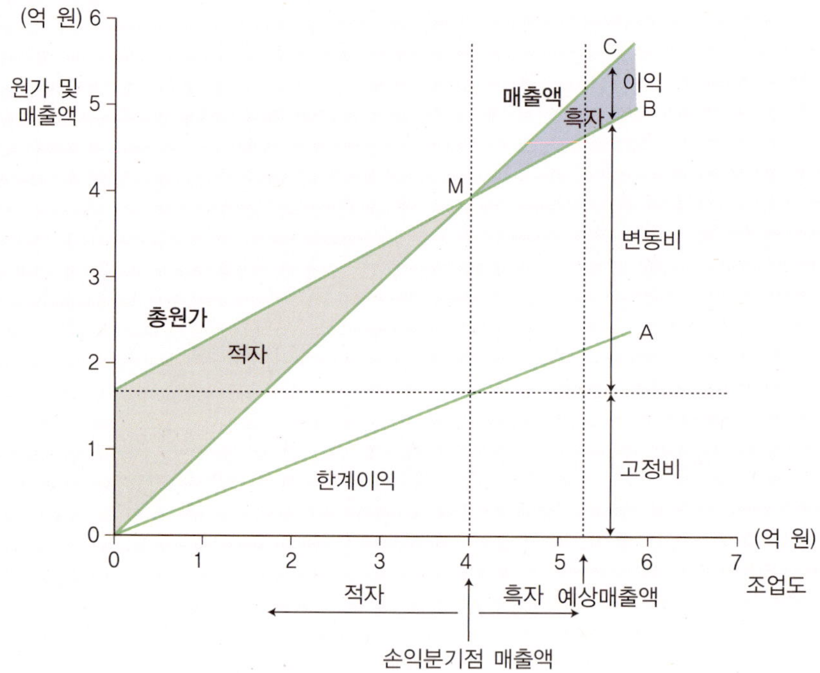

손익분기점

출처 : 정경 · 김경임(2010). p. 93을 참고하여 저자 재구성

CHAPTER

05 메뉴 가격 결정

1. 메뉴 가격의 정의 | 2. 가격 전략 | 3. 메뉴 가격 결정 | 4. 가격 조정 전략

CHAPTER

05

학습목표

1. 가격 전략, 다양한 메뉴 가격 결정 방법, 가격 할인에 대해서 이해한다.
2. 다양한 메뉴 가격 결정 방법의 장·단점을 설명할 수 있다.
3. 가격에 반영되는 간접 코스트 인자에 대해 파악한다.
4. 가격 할인 정책에 대해 이해하고 의사결정에 활용할 수 있다.

1. 메뉴 가격의 정의

가격은 마케팅 믹스 중 고객들의 구매 결정에 가장 큰 영향을 미치는 요인으로 시장의 수요와 공급과 밀접한 관련성을 갖는다. 레스토랑에서 메뉴 가격이란 소비자가 이용하게 될 메뉴에 대한 가치음식+서비스를 교환하는 대가로 지불하는 화폐 가치를 의미한다. 따라서 고객들은 최종 구매 직전까지 본인이 얻게 될 이익과 지불하게 될 가격을 고려한다.

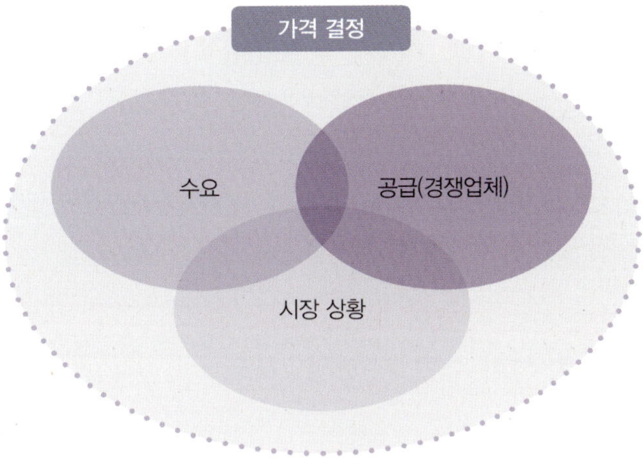

그림 5-1 가격 결정 요인

2. 가격 전략

최적 가격은 레스토랑의 수익률을 높이고 고객들에게는 공정하고 합리적이라는 평가를 받게 된다. 가격결정은 가격이 고객의 메뉴 선택 과정에 영향을 주기 때문에 매우 중요하다. 가격이 너무 비싸면 고객은 레스토랑 이용을 회피하고, 가격이 너무 싸면 레스토랑은 가능 수입을 잃게 된다. 가격결정은 사실상 예술art이라고 할 수 있는데, 메뉴의 가격이 결국 레스토랑의 흥망을 결정한다. 경쟁업체들의 가격은 수요

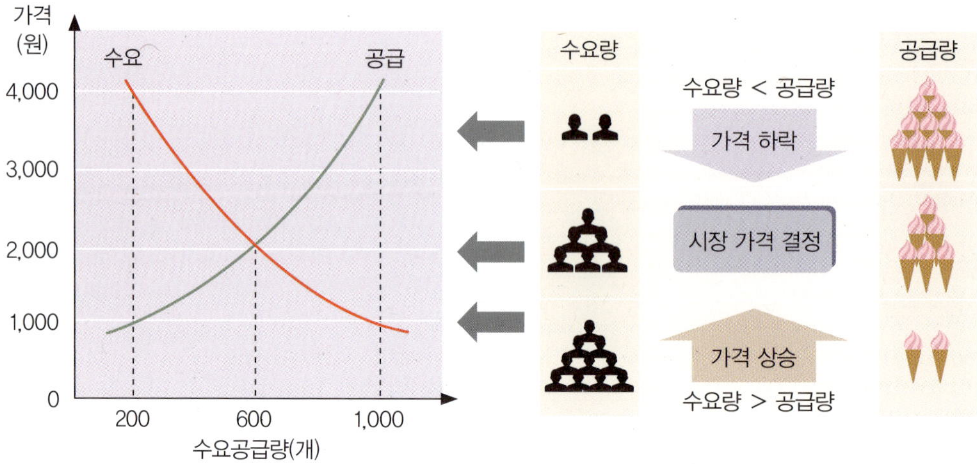

그림 5-2 수요와 공급 곡선

출처 : [두산백과] 수요공급의 법칙

와 공급, 원가cost에 영향을 받는데, 수요demand가 공급supply보다 많으면 가격이 높아지고, 반면 고객 수가 일정하고 경쟁이 많으면 가격은 내려간다.

1) 시장 지향적 가격과 수요 지향적 가격

가격에는 두 가지 형태가 있는데, 시장 지향적 가격market driven price과 수요 지향적 가격demand driven price이다. 가격은 메뉴 항목의 독창성과 독점성, 운영 콘셉트, 가격 접근법에 따라 다양해진다. 품질이 뛰어나 경쟁 우위를 점유한 전문식당은 품질에 차이가 나는 업체와의 가격 경쟁에서는 시장 지향적 가격보다는 투입된 식

표 5-1 가격의 두 가지 형태

시장 지향적 가격	수요 지향적 가격
• 시장 경쟁에 더 잘 반응하여, 상대적으로 더 낮은 가격으로 결정된다. • 메뉴는 비교적 흔한 햄버거, 스테이크, 프라이드치킨, 프라임립 등에 해당한다. • 시장 지향적인 가격은 저렴한 가격대에서 중간 가격대 사이에 있다.	• 가격 경쟁력이 높아서 더 높은 가격으로 결정된다. • 특정 레스토랑에서만 공급하는 스페셜티 메뉴나 시그너처 메뉴와 같이 독점적 메뉴에 해당한다. • 수요 지향적인 가격은 수요가 약해질 때까지는 더 높아지게 된다.

재료비와 인건비에 의해 가격을 결정할 수 있기 때문에 품질이 낮은 경쟁업체보다 가격을 높게 책정할 수 있다.

2) 적합한 가격

가격은 다음의 사항을 반영한다.

- 레스토랑 경영자의 직관, 경쟁업체와의 관계, 수요와 소비자 간의 관계
- 식재료의 원가율퍼센트
- 가격 포인트와 바람직한 객단가

* 가격은 레스토랑 입장에서 이익을 낼 수 있는 가장 낮은 가격과 시장이 견딜 수 있는 최고의 가격 사이에서 결정된다.

그림 5-3 가격연속체(pricing continuum)

고객 입장에서의 적정 가격proper price은 물건을 사게 하는 가격이다. 가격은 분위기, 서비스, 엔터테인먼트, 유일한 상품 프레젠테이션을 반영한다. 가격이 너무 높게 책정되면 수요가 감소하여 판매가 감소되고 잠재고객이 떠난다. 가격이 너무 낮으면 얻을 수 있는 추가의 이익을 얻지 못하게 된다. 일반적으로 가격이 비싸면 고객은 음식과 서비스에 대해 더 높은 품질을 기대하게 된다. 저렴한 고기가 질기면 불만을 표시하지 않지만, 비싼 고기가 질기면 불만을 표시하게 된다. 독점이 되어 수요가 공급보다 많아지게 되면 가격이 인상된다.

3) 메뉴의 추가와 삭제

메뉴의 변화가 가장 많은 레스토랑은 규모가 작고, 고급이며 비싼 음식을 제공하고, 음식에 대해 많이 아는 고객들이 오는 곳이다. 새로운 메뉴가 정기적으로 추가되고, 잘 팔리지 않는 메뉴는 삭제menu additions and deletions된다. 삭제된 메뉴 수만큼 새로운 메뉴를 추가하지 않으면 고객의 선택이 줄어들기 때문에 지속적으로 대체 메뉴가 개발되어야 한다.

메뉴 엔지니어링의 메뉴 믹스를 평가해서 고객 선호도가 반영된 판매 트렌드를 확인한다. 어떤 메뉴 아이템이라도 레스토랑에서 유지되기 위해서는 정당한 몫으로 팔려야 한다. 따라서 메뉴의 유지나 삭제는 메뉴의 수용도menu acceptability에 의해 판단된다.

$$\text{메뉴믹스 퍼센트(menu (sales) mix \%)} = \frac{\text{각 메뉴 아이템의 판매량}}{\text{총 판매량}} \times 100$$

각 메뉴 아이템의 판매량을 총 판매량으로 나눈 후에 100을 곱한 것이다. 숫자가 클수록 인기가 많은 메뉴라고 할 수 있다.

Know 1

가격 결정 전략

가격 결정 전략은 고가 전략(skimming strategy)과 침투 전략(penetration stratege)으로 구분된다.

- **고가 전략** : 새로운 제품을 처음으로 선보일 때나 세분화된 시장에서 이윤을 극대화하기 위한 전략이다. 높은 이익을 창출하기 위해 초기에 높은 가격을 설정하며 경쟁자가 없거나 적기 때문에 높은 가격이 가능하다.
- **침투 전략** : 이미 주력 업체들이 형성되어 있는 시장에 침투하기 위하여 낮은 가격을 설정한다. 점차 시장점유율을 증가함에 따라 가격을 올리는 방법도 가능하다.

3. 메뉴 가격 결정

푸드 서비스 산업에서 사용되는 메뉴 가격 결정 방법은 다양하게 발전해 왔다. 레스토랑의 경영자는 가장 좋은 방법으로 메뉴의 가격을 결정한다. 레스토랑의 상황과 요구에 맞게 채택하고, 혼합하고, 수정하도록 한다. 가격 결정은 과학이 아니라 전략이다. 가격은 투입된 비용에 의해 계산하는 것에, 경쟁업체의 가격 대비 경쟁력을 고려하여 결정하는 것이다. 가격결정의 궁극적인 목표는 이익 극대화와 꾸준한 영업 활동에 있다.

1) 메뉴 가격 결정 요인

가격에 반영되는 간접 코스트 요인은 다음과 같다.

(1) 시장에서의 위치(market standing)

어떤 레스토랑이 같은 콘셉트의 경쟁 레스토랑 중 1위라고 여겨지면, 공격적으로 가격을 조절하게 된다. 1위는 남들보다 이점이 많고, 더 비싼 가격이더라도 고객들이 오게 되는데, 리더leader와 따르는 자follower의 입장이 달라진다.

(2) 분위기(ambiance)

레스토랑의 분위기와 장식은 식사의 전체적인 경험에 영향을 준다. 분위기는 격식을 갖춘 곳이거나 캐주얼한 곳, 또는 편하거나 우아할 수 있다. 인테리어 투자비가 많은 곳은 음식의 가격도 비싸지게 된다.

(3) 서비스 유형(service type)

단골 고객을 만들기 위해서는 음식의 품질과 서비스가 중요하다. 음식의 품질, 양, 가격의 차이가 없을 때 고객이 레스토랑을 선택하는 기준은 서비스라고 할 수 있다. 반면, 서비스의 양과 질을 낮추는 대신 가격을 낮추는 경우도 있다.

(4) 고객의 인구통계학적 특징(customer demographics)

가격은 주요 고객의 사회·경제적 수준을 반영한다. 객단가가 비싸면 고객층은 더 선별적이고 제한적이 된다.

(5) 위치(location)

레스토랑의 위치는 음식의 가격에 큰 영향을 주는데, 객단가가 낮은 레스토랑은 인구 밀도가 크고, 교통도 혼잡한 경향이 있다. 유명 레스토랑destination restaurant은 집에서 먼 거리이지만 고객들이 차를 타고서라도 찾아오게 된다.

(6) 음식의 프레젠테이션(food presentation)

음식을 먹기 전에 눈으로 먼저 보게 된다. 따라서 맛뿐만 아니라 시각적 또는 청각적 요소도 식사 경험에 중요한 역할을 하므로 음식의 프레젠테이션은 중요하다. 스테이크를 철판에 제공할 경우는 시각적·청각적으로 고객을 만족시킬 수 있다.

(7) 바람직한 객단가(desired check average)

주 요리 가격이 너무 높으면 추가적인 판매를 기대할 수 없다. 고급 레스토랑에서 고객의 50% 이하가 에피타이저와 디저트를 주문한다.

(8) 가격의 탄력성(price elasticity)

가격이 오르면 메뉴의 판매가 감소하고, 가격이 내리면 메뉴의 판매가 증가한다면 이 레스토랑을 이용하는 고객은 가격에 민감하여 탄력성이 있다고 할 수 있다. 가격의 증가나 감소에도 판매가 일정하면 가격 탄력성이 작다고 할 수 있다. 비교적 저렴한 레스토랑은 가격이 오르면 고객의 감소를 초래하므로 가격이 탄력적이라고 할 수 있고, 고급 레스토랑에서는 고객들이 가격의 인상에 민감한 반응을 보이지 않는다. 그 레스토랑에서만 접할 수 있는 음식은 비싸더라도 고객들이 오게 된다.

(9) 홀수 가격 정책(odd-cents pricing)

짝수 가격보다 홀수 가격이 저렴해 보이는 현상으로, 홀수 가격은 할인의 착각을 주고, 소비자의 저항을 줄여 준다.

(10) 식품비 대 문화비(food budget vs. entertainment budget)

고객은 먹을 장소를 결정할 때 정신적으로 계산하는 과정을 거친다. 외식비를 식품비에 넣을 것인가 또는 문화비에 넣을 것인가에 따라 씀씀이가 달라진다. 패스트푸드점에서의 식사는 문화비가 아닌 식품비이고, 고급 레스토랑에서의 식사는 식품비가 아닌 문화비에 넣어 평소보다 높은 식품비의 지출을 정당화시키게 된다. 식품 예산보다는 문화비 예산에 있어야 더 자유롭게 소비할 수 있다.

(11) 참고 가격(reference pricing)

고객은 한번 먹은 음식의 가격을 기억하고 그것을 참고 가격으로 생각한다. 새로운 레스토랑의 가격이 참고 가격보다 낮으면 음식 대비 좋은 가격이라고 생각하며 가격이 비싸질수록 음식의 품질과 서비스에 대한 요구는 높아지게 된다.

(12) 시간과 장소의 요소(time and place factors)

식음료의 가격은 구매 시간 및 장소와 관련이 있다. 예를 들면, 한여름 얼린 생수나 축구장, 야구장에서의 청량음료의 가격이 높은 것이 여기에 해당된다. 휴가철에는 소비가 더 자유로워지게 되어 휴가지에서의 식음료 가격은 타 지역에 비해 높아질 수 있다.

2) 메뉴 가격 결정 방법

메뉴 가격 결정 방법menu pricing method은 다음과 같다.

Know 2

메뉴 가격 결정 방법

- 비구조적 방법(nonstructured method)
- 팩터 방법(factoring method)
- 프라임 코스트 방법(prime cost method)
- 실제원가 방법(actual cost method)
- 매출 총 이익 방법(gross profit method)
- 평균객단가 방법(base price method)
- 미국 텍사스 레스토랑협회의 방식을 이용하는 방법(forced food cost method)

(1) 비구조적 방법

이 방법은 가장 간단한 메뉴 가격 결정 방법으로, 동종 외식업체의 메뉴를 모방하여, 가격을 약간 수정하거나 그대로 이용하는 방법이며 가장 많이 사용된다. 그러나 고객이 가격에만 의존하여 구매 결정을 한다는 가정 때문에 이 방법은 보완이 필요하다. 레스토랑마다의 상황이 다르기 때문에 재료비, 인건비, 경비가 달라진다. 이 방법은 메뉴의 품질, 분위기, 서비스, 위치와 같이 구매 결정에 영향을 주는 다른 요소들을 무시한 채 원가를 고려하지 않는다. 예를 들어, 어떤 레스토랑이 맥도날드 햄버거점을 모방하여 메뉴를 만들었다면 같은 재료, 같은 서비스로 같은 햄버거를 공급할 수 있으나, 가격은 훨씬 비싸게 책정된다. 그러나 맥도날드는 구매력이 커서 물품을 싸게 구입할 수 있으므로 상대적으로 낮은 가격을 책정할 수 있다. 고객 측면에서는 제공받은 음식, 서비스, 분위기 등이 지불할 가격보다 크면 만족을 얻을 수 있겠지만 그렇지 않은 경우 고객은 그 메뉴를 외면하게 된다. 따라서 비구조적인 방법에 의한 가격결정은 고객이 평가하고 지불한 가격의 만족도 향상을 위하여 지속적인 비용절감으로 가격 경쟁 우위와 제공되는 음식의 향상된 품질 및 개선된 프레젠테이션을 필요로 한다. 건물의 주인인 경우는 임대비를 절약할 수 있어 상대적으로 낮은 가격을 결정할 수 있을 것이다.

(2) 팩터 방법

팩터 방법은 모든 메뉴 아이템에 일률적으로 적용하기에는 어려움이 있지만, 계산이 간단하여 오랫동안 사용되어 왔다. 승수multiplier 또는 원가에 가산되는 이익 가산mark-up 방식이라고도 한다. 기준이 되는 식재료 비율은 식재료의 평균원가율로 과거의 데이터에서 얻어지는 원가율 또는 원하는 원가율이다. 팩터factor : 배수는 100을 식재료의 평균원가율로 나누면 된다. 가격은 식재료 원가에 팩터를 곱하여 구한다.

Exercise 1

팩터 방법을 이용하여 비빔밥의 식재료 원가가 4,500원이고, 식재료 비율이 37%인 경우의 메뉴 가격을 구해 본다.

① 팩터를 구한다.

$$100\% \div 37\% = 2.7(\text{팩터})$$

② 메뉴 가격을 구한다.

$$4{,}500\text{원} \times 2.7 = 12{,}150\text{원}$$

③ 메뉴 가격을 선택 또는 조정한다.

이 방법은 쉽게 계산을 할 수 있다는 장점이 있다. 이 방법의 단점은 스테이크, 해산물 같은 식재료원가가 비싼 메뉴는 원가에 팩터를 곱하게 되므로 비싸게 책정되고, 수프, 파스타 같은 싼 음식은 싸게 책정된다.

(3) 프라임 코스트 방법

카페테리아에서 많이 이용되는 프라임 코스트prime cost : 식재료비 + 직접인건비를 이용한 가격 결정 방식에서는 인건비가 더 추가되어 팩터를 이용한 방법처럼 가격이 계산된다. 여기서 직접인건비는 특정 메뉴를 생산하는 데 직접적으로 요구되는 인건비를 말하고, 전체 인건비의 약 1/3을 직접인건비로 간주한다. 판매 가격은 프라임 코스트에 팩터를 곱해서 구한다. 프라임 코스트를 이용하여 가격을 계산하는 방식에서는 전체 인건비 중에서 직접인건비를 중요하게 고려한다. 특정 아이템을 생산하는 데 소요되는 직접인건비를 산출하기 위해서는 메뉴상에 있는 각 아이템을 만드는 데 요구되는 기술, 소요되는 시간을 자세히 구해야 한다. 여기서 직접인건비는 그 메뉴를 만들기 위해 준비하고 조리하는 데 이용되는 인건비만을 말한다. 그러나 프라임 코스트 방법은 음식을 생산하는 주방 인건비를 계산할 때, 조리사는 각각 주어진 직책에 따라 맡은 업무를 수행하지만, 근무편성에 의해 낮은 직급의 인원이 대체할 때, 또는 바쁜 시간대에 음식을 생산하는 단위당 인건비와 한가한 시간대에 음식 생산에 투입된 단위당 인건비 사이에 차이가 발생할 수 있음을 간과하고 있다.

Exercise 2

식재료비율이 37%, 전체 인건비율이 30%, 특정 아이템을 생산하는 데 요구되는 식재료원가가 4,500원, 직접인건비가 1,125원일 경우 프라임 코스트 방법으로 메뉴 가격을 구해본다. 전체 인건비의 1/3을 직접인건비로 간주한다.

① 프라임 코스트를 구한다.

식재료 원가(4,500원) + 직접인건비(1,125원) = 5,625원

② 프라임 코스트율을 구한다.

식재료 비율(37%) + 직접인건비 비율(10%) = 47%

③ 팩터를 구한다.

100% ÷ 47% = 2.1(팩터)

④ 가격을 계산한다.

5,625원 × 2.1 = 11,812원

⑤ 가격을 결정한다.

+ α를 고려하여 가격을 결정한다.

위의 예제에서 팩터를 이용하여 가격을 계산하면 100%÷37%=2.7(팩터)×4,500원(식재료원가) = 12,150원이 되며, 프라임 코스트를 이용하면 가격이 11,812원이 되어 338원이 낮게 계산된다.

(4) 실제원가 방법

실제원가를 이용한 방법은 원가와 이윤까지 포함하여 판매가격을 계산하는 방법으로, 팩터법이나 프라임 코스트법보다 좀 더 합리적인 방법이다. 이 방법은 식재료원가, 인건비, 변동비율, 고정비율, 이익률을 고려하여 계산한다.

실제원가 방법은 앞의 방법보다 구체적인 방법이지만, 가격 계산에 필요한 정보 변동비율, 고정비율, 이윤율의 정확도에 따라 판매 가격이 결정되는 단점이 있다.

Exercise 3

식재료원가 4,500원, 총인건비는 2,000원, 변동비율(총 매출액 대비)의 10%, 고정비율(총 매출액 대비)의 15%, 이익률(총 매출액 대비)의 12%인 경우 실제원가 방법으로 메뉴 가격을 구해 본다.

① 식재료원가와 인건비가 차지하는 비율을 계산한다.

100% − (변동비율 + 고정비율 + 이익율) = 100% − (10% + 15% + 12%) = 63%

② 팩터를 구한다.

100% ÷ 63% = 1.59(팩터)

③ 가격을 계산한다.

식재료원가와 인건비의 합(6,500원) × 1.59 = 10,335원

④ 가격을 결정한다.

+ α를 고려하여 가격을 결정한다.

(5) 매출총이익 방법

손익계산서상의 1년 총 매출액에서 식재료원가를 제외하면 매출총이익gross profit이 된다. 매출총이익을 전체 고객 수로 나눈 숫자는 객당 평균 매출총이익이 된다. 객당 평균 매출총이익과 각 메뉴를 구성하는 원가를 더하면 판매 가격이 결정된다. 이 방법은 세트 메뉴를 구성할 때 메인 메뉴에 따라서 판매 가격을 구하는 데 사용된다. 매출총이익을 이용한 가격 결정은 모든 메뉴 아이템에 일률적으로 매출총이익을 부과한다. 그 결과 원가가 낮은 메뉴는 판매가가 높게, 원가가 높은 메뉴는 판매가가 낮게 설정되어 원가가 낮은 메뉴를 주문하는 고객은 원가가 높은 메뉴를 주문하는 고객에 비해 손해를 보게 된다.

Exercise 4

총매출액이 9,000만 원, 식재료원가가 3,000만 원, 고객 수는 6,000명일 때 메인 메뉴의 원가가 5,000원, 7,000원, 10,000원인 경우 매출 총 이익 방법으로 각 세트 메뉴의 가격을 구한다. 세트 메뉴에 메인 메뉴와 함께 제공되는 항목의 원가는 다음과 같다.

전채요리 : 1,500원, 빵과 버터 : 1,000원, 수프 : 1,500원, 디저트 : 2,000원

① 매출총이익을 구한다.

9,000만 원 − 3,000만 원 = 6,000만 원

② 객당 평균 매출총이익을 구한다.

$$\frac{6{,}000\text{만 원}}{6{,}000\text{명}} = 10{,}000\text{원}$$

③ 메인을 제외한 나머지 항목의 원가를 계산한다.

전채요리 + 빵과 버터 + 수프 + 디저트 = 1,500원 + 1,000원 + 1,500원 + 2,000원
= 6,000원

④ 메인메뉴의 원가를 계산한다.

메인 1 : 5,000원, 메인 2 : 7,000원, 메인 3 : 10,000원

⑤ 가격을 결정한다.

메인 메뉴

구분	메인 메뉴 원가	메인을 제외한 원가	매출총이익	가격
메인 1	5,000원	6,000원	10,000원	21,000원
메인 2	7,000원	6,000원	10,000원	23,000원
메인 3	10,000원	6,000원	10,000원	26,000원

(6) 평균객단가 방법

이 방법은 고객시장의 수준에 따라 매가를 계산하는 방식으로, 고객이 소비한 과거의 데이터를 수집, 분석하여 평균객단가를 먼저 결정한 후에 그 범위 내에서 제비용노무비와 경비과 이윤을 고려한 다음 식재료원가를 산정하여, 산정된 범위 내에서 적절한 메뉴를 찾는 역방향의 방법이다.

첫째, 고객의 수준을 파악하여 평균객단가를 정한다.

둘째, 제비용노무비+경비과 이윤을 결정한다.

셋째, 식재료원가를 계산한다.

넷째, 메뉴를 정한다.

Exercise 5

고객의 수준(평균객단가)	**8,000원**	**(100%)**
− 식재료원가를 제외한 제비용	4,000원	(50%)
− 고정비	400원	(5%)
− 원하는 이윤	800원	(10%)
= 식재료원가	2,800원	(35%)

2,800원에 해당하는 식재료로 메뉴를 선정한다.

(7) 미국 텍사스 레스토랑협회의 방식을 이용하는 방법

미국 텍사스 레스토랑협회에서 개발한 방식은 이윤율을 중요시한 가격 계산 방식으로, 과거 영업 결과에서 얻은 자료와 회원 레스토랑에서 제출한 이윤율에 대한 통계치를 이용한 자료이다. 메뉴 가격을 계산하는 데에는 식재료원가, 인건비, 기타 비용과 이윤율이 계산에 필요하다.

이 방법은 전년도 이윤율을 반영하여 가격을 결정함으로써 매출이 일정할 경우에는, 업체는 적절한 이익을 얻을 수 있고, 고객은 가격 저항이 개선되는 장점이 있

Exercise 6

전년도 레스토랑의 1년간 영업실적을 토대로 인건비가 26%, 고정비와 변동비를 합한 것이 27%, 그리고 이윤이 매출액의 15%였다는 가정 아래 미국 텍사스 레스토랑협회의 방식으로 특정 메뉴의 가격을 계산하도록 한다. 단, 식재료원가는 3,000원이다.

① 특정 메뉴에 대한 가격은 1 또는 100%이다.

② 식재료원가율을 계산한다.

100% − (인건비 + 고정비 + 변동비 + 이윤) = 100% − (26% + 27% + 15%) = 32%

③ 가격을 계산한다.

$$\text{가격} = \text{식재료원가} \times \frac{100\%}{32\%} = 3{,}000\text{원} \times 3.1 = 9{,}300\text{원}$$

으나, 영업 상황이 부진한 경우에는 고정비 상승으로 이윤이 줄어들게 된다. 따라서 적절한 이윤을 확보하기 위해 영업이 호황일 때는 가격을 낮추고, 불황일 경우에는 가격을 인상해야 한다.

전체적으로 적정한 이윤율을 지키기 위해서는 각 품목에서 선호도가 높고 원가가 낮아 이윤 발생이 많은 품목은 낮은 이윤 폭을 책정하고, 선호도와 원가가 높은 품목은 중간 이윤 폭을 책정해야 하는 것이다. 선호도의 높고 낮음과 원가의 높고 낮음에 따라 각각 발생하는 이윤에 따라 전체적인 이윤율을 맞춰야 한다.

이 방법은 텍사스 레스토랑협회의 회원 레스토랑에서 조사한 이윤 폭에 대해 정리된 자료를 선호도의 높고 낮음에 따라, 그리고 원가의 높고 낮음에 따라 분류한 다음, 이윤 폭을 고·중·저로 나누어 제시한 방법으로 상당히 합리적인 가격 결정 방법이라고 할 수 있다. 이를 토대로 하여 메뉴를 표 5-2와 같이 분류할 수도 있다.

표 5-2 선호도와 원가에 따른 이윤 폭

구분	이윤 폭	예
선호도도 높고 원가도 높은 아이템	중간 이윤 폭	• 새우칵테일, 햄버거, 등심스테이크 • 갈비구이
선호도는 높으나 원가가 낮은 아이템	낮은 이윤 폭	• 프렌치프라이, 밀크셰이크 • 불고기, 비빔밥, 냉면
선호도는 낮으나 원가가 높은 아이템	높은 이윤 폭	• 랍스터테일, 클럽샌드위치, 애플파이 • 삼계탕, 추어탕
선호도도 낮고 원가도 낮은 아이템	중간 이윤 폭	• 스트립스테이크, 프라이드치킨 • 칼국수

- 인기가 있는 아이템 – 수익성이 없는 아이템
- 인기가 있는 아이템 – 수익성이 있는 아이템
- 인기가 없는 아이템 – 수익성이 없는 아이템
- 인기가 없는 아이템 – 수익성이 있는 아이템

메뉴 카테고리에 따른 이윤 폭과 식재료원가는 표 5-3과 같다.

표 5-3 메뉴에 따른 이윤 폭과 식재료원가

메뉴	이윤 폭	식재료원가
수프	–	13~15%
에피타이저	20~50%	23~25%
샐러드	10~40%	15~18%
주 요리	10~25%	29~35%
채소(핫베지터블)	25~50%	15~25%
빵과 음료	10~20%	5~10%
디저트	15~35%	18~20%
세트 메뉴	–	29~30%

출처 : Jak E. Miller & David V. Paresic(1996). p. 144를 참고하여 저자 재작성

Know 3

그 밖의 메뉴 가격 결정 방법

1. 홀수 · 짝수 가격(odd-even pricing)

어떤 가격문턱(threshold)을 넘어서면 판매가 급격히 감소할 것으로 생각해서, 그 가격보다 조금 작게 책정하여 고객들로 하여금 저렴하다고 믿게 하는 방법이다. 예를 들어, 1,000원 대신 990원으로, 1만 원 대신 9,900원으로 책정하는 방법이다.

2. 관습 가격(customary pricing)

어떤 상품이 오랫동안 같은 가격으로 시장을 지배할 때 발생하는 것으로, 소비자들에게 그 상품은 얼마라고 인식하게 된다. 가격을 낮추면 품질 불량으로 생각되어 판매량이 떨어지고, 가격을 높이면 비싸다고 생각해서 판매량이 떨어진다. 따라서 관습가격이 적용되는 상품은 가격 조정보다는 중량, 크기, 품질을 변경하는 방법을 사용한다. 예를 들어, 요구르트나 초코파이의 가격을 인상하는 것보다 사이즈를 작게 하는 경우가 해당된다.

3. 유인 가격 설정법(promotional pricing)

촉진 가격이라고 하는데, 대형마트나 백화점에서 특정 상품을 미끼상품(loss leader)으로 가격을 싸게 책정하여 다른 상품도 구매하도록 하는 방법이다. 레스토랑에서 10년 전 가격으로 특정 메뉴를 제공하는 것이 여기에 해당된다.

4. 가격 선도제(price leadership)

업계에서 시장점유율이 1위인 큰 기업이 가격을 선도하면(price leader), 다른 기업들이

그 가격을 참고하여 가격을 결정하게 된다(price follower).

5. 시장 점유율 확보 가격 결정법

침투 가격(penetration pricing)은 신제품을 출시할 때 판매량을 늘리기 위해 상대적으로 제품의 가격을 낮게 설정하여 시장에 깊숙이 침투하는 방법이다. 최초의 가격을 저렴하게 설정하여 많은 수의 고객을 확보하고 시장점유율을 높이기 위한 방법이다.

6. 포지셔닝 가격결정법

시장 진입 계획에 의해 경쟁사의 고객층, 평균객단가, 서비스의 품질, 매출, 가격 등 전반적인 사항을 참조하여, 해당 업소의 목표 고객의 연령층, 수요층을 파악하여 가격을 결정하는 방법으로 적절한 이윤을 확보하게 된다.

3) 한국 호텔의 메뉴 가격 결정의 실제

(1) 경쟁사 비교와 원가를 고려한 가격 결정

주방에서는 음식 생산에 투입된 목표 양을 계산하여 투입된 재료비 합을 계산한다. 판매부서에서는 경쟁사의 가격 조사, 음식의 양과 품질, 분위기, 서비스, 급여 수준, 시간대별 인원, 음식 제공 방법, 원가율 등을 벤치마킹bench marking 리스트에 의거, 조사하여 메뉴별 분석표를 완성한다. 음식 생산부서와 판매부서의 담당자는 미팅을 통해 가격을 결정한다. 이 과정에서는 전체적인 목표원가율이 반영된다.

경쟁사의 가격을 반영할 경우에는 원가가 높은 쇠고기 안심과 등심스테이크, 양갈비, 농어, 아귀 등 고가 재료를 사용한 주 요리와 거위간, 바닷가재, 철갑상어알, 송로버섯 등을 사용한 전채요리의 가격은 투입된 식재료원가×3.3의 값보다 작아 식재료원가율은 30% 이상이 된다. 전채요리, 수프, 샐러드, 돼지고기 및 가금류로 만든 주 요리, 후식 등의 가격은 투입된 식재료원가×3.3의 값보다 커지게 된다. 이때 식재료원가율은 30% 이하가 된다. 따라서 가격 결정의 이면에는 레스토랑 메뉴계획에 의거한 전체적인 식재료원가율 28~33%가 반영된다.

Know 4

쇠고기 안심 스테이크 가격

① 투입된 식재료원가를 구한다.

식재료비 15,000원

② 메뉴 가격을 구한다.

15,000 × 3.3 = 49,500원

③ 경쟁사 가격을 구한다.

40,000원

④ 생산부서와 판매부서가 판매가격을 협의한다. 경쟁사의 음식 품질, 인테리어, 서비스 품질, 고객층을 감안하여 가격을 결정한다.

40,000~49,500원

(2) 메뉴판에 없는 음식 판매

레스토랑 메뉴판에 없는 음식이나 기존 메뉴에서 재료를 변경하여 제공할 경우는 투입된 식재료원가에 3.3을 곱한 후에 현재 판매하고 있는 유사한 메뉴 가격을 참조한다. 원가가 높은 스테이크는 3.3을 곱하여 가격을 결정한다. 훈제연어처럼 원가가 낮은 품목은 유사한 품목의 높은 가격을 결정한다.

레스토랑은 고객의 만족도 향상과 매출 증진, 그리고 이윤 창출을 위해 고객이 요구하는 어떤 메뉴라도 제공할 수 있도록 해야 한다. 시간 소요가 많은 메뉴는 고객에게 설명하고 양해를 얻어 불만이 발생하지 않도록 해야 한다.

Know 5

3.3을 곱하는 이유

3.3을 곱하는 이유는 재료비, 인건비, 경비 및 관리비를 반영한 계산으로 적정한 비용과 이윤을 포함한다. 일반적으로 식재료원가를 30%로 했을 때 판매가격이 100%라면, 식재료원가에 3.3을 곱하면 100%가 된다. 식재료원가를 제외한 70%에는 인건비, 경비 및 이윤이 포함된다.

4. 가격 조정 전략

1) 가격 인하 전략

가격을 내리고, 고객 수를 증가시켜 판매량을 늘리는 것으로, 원래 가격이 이익을 내지 않으면 가격 인하를 하지 않는다. 가격 인하는 경영자에 의해 이루어지는데, 가격 인하로 인해 매출량과 판매 변화를 정확하게 예측해야 한다. 성공적으로 가격 인하를 하게 되면 고객 수가 증가한다. 가격 인하 후 고객 수가 증가하지 않으면 운영에 있어 재무상의 부담을 받게 된다. 가격 인하의 형태는 패밀리 레스토랑에서 오후 4~6시 사이에 음식값을 할인해 주는 방법, 신문이나 DMDirect Mail에 할인 쿠폰을 제공하기, 생일에 공짜음식이나 디저트 제공 등이 있다.

고객에게 가격 대비 가치를 주지 못하면 가격 인하는 성공하지 못한다. 할인 행사가 계획대로 매출을 증가시키지 못하면 가격 할인을 정지하도록 한다. 표 5-4는 알코올 음료맥주, 와인, 칵테일 등를 인하했을 때의 총 이익에 대한 계산이다. 따라서 1인당 2.43개의 알코올 음료를 더 판매해야 정상 가격 판매 시의 총 이익이 된다. 가격 인하로 인해 고객들에게 업셀링upselling으로 알코올 음료를 2.43개 이상 판매해야 레스토랑에서는 매출 증가로 인한 수익이 발생하게 된다.

표 5-4 가격 인하의 예 : 알코올 가격 인하의 경우

구분	음료 가격	음료 원가	총이익
가격 인하 전	3,500원	950원	2,550원
가격 인하 후	2,000원	950원	1,050원

* 가격인하 전의 총이익/가격인하 후 총이익=2,550원/1,050원=2.43

레스토랑에 가서 가격 인하를 받게 되면, 고객은 와인, 칵테일, 에피타이저, 디저트 등을 추가 주문하게 된다. 특정 아이템에 대한 할인 정책은 다른 아이템에 대한 매출을 촉진시킬 수 있으며, 이윤의 가능성이 증가하게 된다. 식사 시 공짜 와인을 제공했을 때 매출에 어떤 영향을 미치는지 표 5-5, 5-6을 통해서 알아보자.

표 5-5 식사와 와인 가격 (단위 : 천 원)

구분	식사 가격	와인 가격	총액
매출액(200명, 평균 11,000원) 변동비(식음료원가)	2,200 814	400 200	2,600 1,014
공헌이익 급료	1,386	200	1,586 500
수입			1,086

표 5-6 무료 와인 제공 시 식사와 와인 가격 1 (단위 : 천 원)

구분	식사 가격	와인 가격	총액
매출액(400명, 평균 11,000원) 변동비(식음료원가)	4,400 1,628	0 400	4,400 2,028
공헌이익 급료	2,772	−400	2,372 600
수입			1,772

이런 정보로 레스토랑 경영자가 기대하는 것은 다음과 같다.

- 와인이 무료로 제공되므로 와인으로부터는 어떠한 소득도 없을 것이다.
- 저녁 식사에 200명평균 1만 1,000원이 증가할 것이다.
- 와인이 무료로 제공되어 100% 와인 소비가 증가할 것이다.
- 고객이 2배가 되어 종업원에 대한 인건비로 10만 원이 추가될 것이다.

위의 계산과 같이 와인 프로모션으로 68만 6,000원의 이익이 증가된다고 할 수 있다. 그런데 실제로 레스토랑 경영자가 기대했던 것과 다른 결과가 나올 수 있다.

- 와인을 무료로 제공했으므로 와인으로부터는 어떠한 수익도 없었다.
- 와인을 무료로 제공했을 때 예상과 달리 와인의 소비는 200% 증가했다.
- 와인을 무료로 제공했지만 예상과 달리 손님이 50%만 증가했다.
- 고객이 증가했으므로 인건비는 10만 원이 추가되었다.

표 5-7 무료 와인 제공 시 식사와 와인 가격 2

(단위 : 천 원)

구분	식사 가격	와인 가격	총액
매출액(200명 × 1.5, 평균 11,000원)	3,300	0	3,000
변동비(식음료원가)	1,211	600	1,821
공헌이익	2,079	–600	1,479
급료			600
수입			879

이때 소득은 87만 9,000원으로 프로모션을 하지 않았을 때에 비해 20만 7,000원의 수입이 감소되는 결과를 가져올 수 있다(879,000−1,086,000 = −207,000원).

따라서 할인 프로모션을 기획할 때, 음식과 와인을 세트로 구성하여 정한다든지, 할인 폭과 대상을 세밀하게 조정하여야 예상 외의 손실을 최소화하고 수입 증가의 기대 효과를 극대화할 수 있다.

2) 가격 인상 전략

메뉴판의 가격 조정은 영업 상황, 특이한 재료를 활용한 메뉴의 상품성, 인건비 상승률, 물가 인상 등을 고려하여 봄, 가을로 나누어 인상한다. 가격 조정은 모든 메뉴에 일률적으로 적용하지 않고 인상 요인이 있는 것과 인하 요인이 있는 것을 중심으로 한다. 메뉴 품질이나 외관 등에 고객이 인정할 만한 수준의 변화 없이 가격만 인상하면 고객 저항의 원인이 될 수 있다.

가격 결정은 절대적이지도 않고, 지름길도 없다. 가격은 상품의 질, 레스토랑의 서비스, 분위기가 같은 경쟁자와 비교해야 한다. 주중 고객은 주말 고객보다 가격에 더 민감하다.

가격을 인상할 때 품질을 유지해야 하는데, 품질이 조금만 떨어져도 고객의 태도는 즉시 변한다. 매니저로서 가격 인상의 쇼크를 덜기 위해 가장 작은 부분the smallest details까지 신경을 쓰도록 한다.

언제, 어떻게 가격을 인상할 것인가는 가격 인상의 폭만큼 중요하다. 가격이 인

Know 6

메뉴 가격 인상을 고객이 의식하지 않게 하는 방법

① 가격 인상 시 홀수를 사용한다. 특히, 끝 숫자가 5,000원, 7,500원, 9,500원 같은 숫자를 사용하도록 한다. 5,400원, 7,200원, 9,800원은 적절하지 않다.

② 이전 가격에 줄을 그어 지우거나, 펜으로 위에 쓰거나, 이전 가격에 스티커를 붙이면 가격 인상이 더 눈에 띄게 되므로, 메뉴를 다시 프린트하도록 한다.

③ 가격 인상이 1,000원에서 1만 원대로 인상 시 가능한 오랫동안 늦추도록 한다. 9,500원에서 1만 원으로 인상 시 이런 변화는 더 현저하게 인식된다.

④ 메뉴판에서 잘 보이지 않는 위치에 인상된 아이템을 놓는다. 좋은 위치에는 낮아진 아이템을 놓도록 한다.

⑤ 가격 인상 시 포션이나 동반식품을 크게 하여, 그 아이템의 '새로운' 또는 '업그레이드' 버전이라고 새롭게 만든다.

⑥ 가격 인상 대신 포션 사이즈를 줄이거나 동반식품을 없앤다. 이것은 가격이 탄력적인, 경쟁이 치열한 마켓에서 적합한 전략이다.

⑦ 칠판에 가격 인상을 적지 않는다. 메뉴를 재프린트 시 몇 개 아이템의 가격만 인상한다. 인기 없는 아이템 대신 가장 인기 있는 아이템의 가격을 조금 올려서 가격 인상을 시작한다. 메뉴에서 60% 팔린 아이템의 250원 가격 인상이 메뉴에서 10~15% 미만으로 팔린 아이템의 950원 인상보다 더 큰 이익을 가져온다.

⑧ 가격 변동이 심한 아이템(예 : 바닷가재, 송이버섯 등)은 가격의 표시 대신 매일의 시세를 표시한다. '시장가격(market price)'이라고 표시한다.

⑨ 메뉴의 오른쪽에 가격을 한 줄로 적지 않도록 한다. 이렇게 되면 비교가 되어서 저렴한 메뉴를 택하게 된다. 싼 것에서 비싼 것으로 아이템을 리스트하지 말고, 섞어 놓고, 가장 비싼 아이템을 리스트의 처음과 끝 부분에 놓는다. 가격을 눈에 띄지 않게 하려면, 가격을 서술적 카피의 바로 옆 오른편에 적는다. 메뉴 가격 인상은 1년에 1~2회에 실시한다. 오늘날의 고객은 가격 인상에 민감하므로 가격 인상을 자주 하면, 고객은 방문 횟수를 줄이거나 경쟁 레스토랑에 가게 된다.

⑩ 카페에서는 여름에 따뜻한 음료의 가격을 올리고, 겨울에는 찬 음료의 가격을 올려서 고객들이 가격 인상에 민감하게 인식하지 못하게 한다.

상될 때마다, 운영자는 고객의 반응에 잘 대처해야 하는데, 경쟁이 심한 마켓에서 현저한 가격 인상은 고객을 떠나게 한다. 메뉴 가격 인상은 가능한 고객이 의식하지 못하게 이루어져야 한다. 가격 인상이 적절히 이루어지지 않았을 때 고객의 불만이 높아지고 고객 수가 감소될 수 있다. 그럼에도 레스토랑 경영자는 충분한 공헌이익을 위해 경우에 따라 가격을 조정해야 한다.

메뉴 가격 인상은 물가와 인건비 상승률을 고려하여야 한다. 모든 메뉴의 가격을 인상하는 것이 아니라 고객의 선호도가 높은 메뉴와 새로 개발한 메뉴를 중심으로 가격을 인상한다. 최적 가격optimum price은 레스토랑의 이익에 공헌한다. 가격은 고객이 정당하고 합리적이라고 이해하는 수준이어야 한다.

3) 수익 체감

어떤 레스토랑에서 웨딩 리셉션을 수년간 해 왔는데, 과거에는 한 리셉션당 200명의 고객이 와서, 운영상에 이익이 나고 성공적이었다. 그런데 한 리셉션당 15명씩 고객이 감소하게 되어, 식재료 양을 줄였으나, 인건비, 오케스트라 비용, 빌딩 비용 등 고정비용이 일정하여 수입이 감소하게 되었다. 고객 단위당 비용의 증가로, 단위당 소득이 감소하여 수익 체감diminishing returns을 하게 된 것이다.

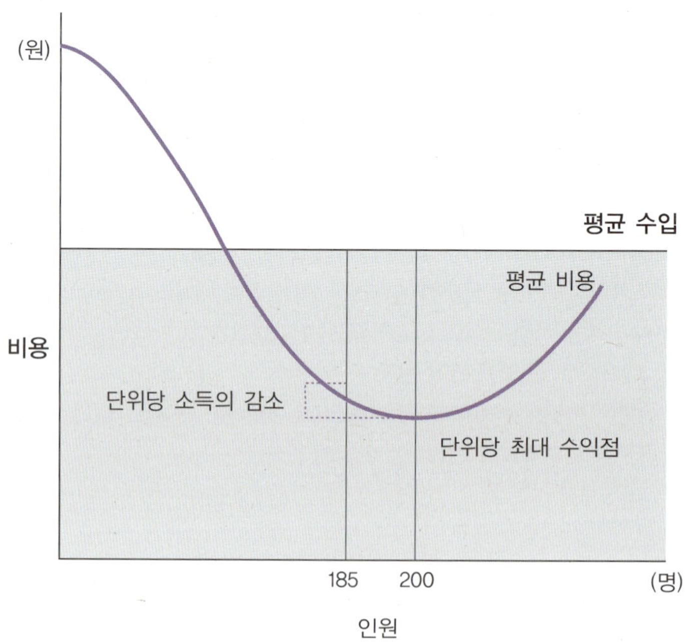

그림 5-4 수익 체감 그래프

CHAPTER

06

메뉴의 분석과 평가

1. 메뉴 분석의 정의 | 2. 메뉴 분석의 기법 | 3. 메뉴 분석의 실제

CHAPTER

06

학습목표

1. 메뉴 분석을 정의한다.
2. 메뉴 분석의 기법을 익히고 각 차이점을 이해한다.
3. 메뉴 분석 기법을 활용하여 실제 레스토랑 메뉴를 분석하고, 각 메뉴 아이템에 대한 전략을 세울 수 있다.

1. 메뉴 분석의 정의

외식업체의 가장 큰 목적은 고객을 만족시키고, 조직의 목표인 수익 창출을 기하는 데 있다. 이를 위해서 메뉴 분석은 기존 메뉴가 외식업체의 이윤을 어느 정도 창출하고 있는지를 분석하고 평가하는 것이다. 외식업체의 매출량과 이윤을 증가시키기 위해 기존의 메뉴를 삭제·보완하고, 새로운 메뉴를 도입하는 작업을 하게 된다.

메뉴 분석은 선호도인기도와 수익성에 따라 메뉴를 분석하는데, 다음의 사항을 알아야 한다.

첫째, 한 레스토랑에 일정 기간한 달, 석 달, 1년 등 방문한 고객의 수를 알아야 한다.

둘째, 메뉴 믹스menu mix 또는 세일즈 믹스sales mix라고 하는데, 전체 판매량에서 각 메뉴 아이템이 차지하는 비율(%)을 말한다.

셋째, 각 메뉴 아이템에 대한 공헌이익CM : Contribution Margin으로 판매 가격에서 식재료비를 뺀 값이다.

2. 메뉴 분석의 기법

1) 밀러법

밀러법Miller matrix은 식재료원가 비율과 판매량의 관계를 분석한 기법으로, 낮은 식재료원가에 많이 판매된 품목을 승리자winners, 낮은 식재료원가에 적게 판매된 품목을 유지그룹 II marginals II, 높은 식재료원가에 많이 판매된 품목을 유지그룹 I marginals I, 그리고 높은 식재료원가에 낮게 판매된 품목을 패배자losers로 구분하였으며 그림 6-1과 같다. 이 방법은 가장 낮은 식재료비의 메뉴와 가장 높은 판매량의 메뉴는 제시할 수 있으나, 매출액과 공헌이익을 고려하지 않은 분석법이다. 원가율이 낮은 품목은 판매가도 낮아 수익성이 없는 품목이 되고, 수익성을 위해 판매 가격을 높이면 고객의 감소로 인해 매출이 줄어들게 된다는 단점을 가지고 있다(David Pavesic, 1983).

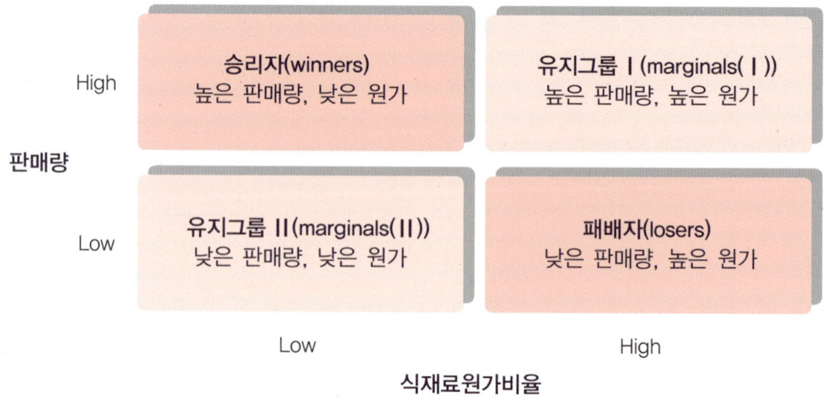

그림 6-1 밀러의 원가와 매출량

2) 메뉴 엔지니어링

메뉴 엔지니어링menu engineering은 카사바나Michael Kasavana와 스미스Don Smith에 의해 1982년에 개발된 메뉴 분석 방법이다. 메뉴 아이템의 공헌이익, 판매량수요, 전체 판매량에서 각 아이템이 차지하는 비율menu mix을 기준으로 선호도와 수익성을 분석한다. 분석에 요구되는 정보는 메뉴 아이템의 판매가, 식재료원가, 팔린 수량이 필요하다.

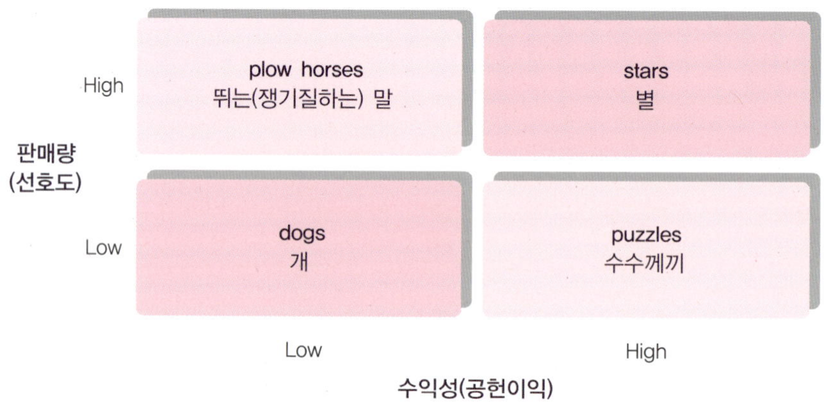

그림 6-2 메뉴 엔지니어링 분석 모형

메뉴 엔지니어링 분석의 장 · 단점, 평가는 표 6-1과 같다.

표 6-1 메뉴 엔지니어링 분석의 장 · 단점 및 평가

구분	내용
장점	가격과 메뉴 믹스, 공헌이익, 아이템의 위치를 활용해서 만든 패키지 프로그램으로 사용자 측면에서 쉽게 사용할 수 있도록 개발되었다.
단점	• 선호도의 기준을 정하기 위해서 [1/N×0.7×100]이라는 공식을 사용하였는데, 이 기준에 대한 객관적인 근거를 제시하지 못했다. • 선호도와 수익성이 단순산술평균에 의해서 계산된다. • 식재료원가를 제외한 다른 비용이 고려되지 않았다. • 분석 대상이 되는 메뉴 아이템의 수가 많을 때만 의미가 있는 분석이 이루어진다. • 메뉴 아이템의 판매가 결정 전략이 분석에 고려되지 않았다. • 판매 촉진, 업셀링(upselling) 등과 같은 외적인 변수를 고려하지 않았다.
평가	메뉴 엔지니어링이란 프로그램은 초창기에는 많은 관심을 받았으나, 시간이 지날수록 큰 호응을 받지 못하고 있다.

출처 : 나정기(2004)

3) CMA 또는 파베식법

파베식David V. Pavesic이 밀러법과 카사바나와 스미스법의 단점을 보완해서 개발한 메뉴 분석 방법으로, 'CMACost/Margin Analysis 분석'이라고도 한다. 식재료원가율이 낮으면서 판매량으로 평가된 공헌이익이 높은 메뉴 아이템을 최고의 그룹인 프라임prime으로 명명한다. 이 분석의 장점은 모든 메뉴 아이템에 대한 원가, 선호도, 공헌이익의 관계를 종합적으로 분석할 수 있다는 것이다.

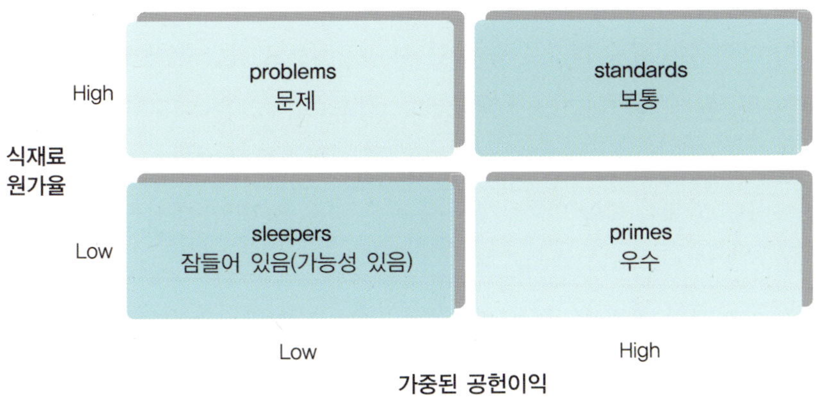

그림 6-3 CMA 분석 모형

- 프라임primes : 원가율이 낮고, 가중된 공헌이익(CM)이 높은 아이템
- 스탠더드standards : 원가율과 가중된 공헌이익(CM)이 높은 아이템
- 슬리퍼sleepers : 원가율과 가중된 공헌이익(CM)이 낮은 아이템
- 프라블럼problems : 원가율은 높고, 가중된 공헌이익(CM)이 낮은 아이템

3. 메뉴 분석의 실제

1) 메뉴 엔지니어링과 CMA 분석의 실제

표 6−2의 점심 메뉴를 이용하여 메뉴 분석 두 가지를 다음과 같은 단계와 절차로 하도록 한다.

① 메뉴상에 있는 특정 그룹의 모든 아이템을 (A)에 기록한다. 여기서는 18개의 메뉴 아이템을 차례대로 기록한다.

② 각 아이템의 판매단가를 (B)에 기록한다. 컵수프는 6,500원이다.

③ 일정 기간예 : 1개월, 3개월 등에 팔린 각 아이템의 수량을 (C)에 기록한다. 컵수프의 판매 수량은 33개이다.

④ 각 아이템을 만드는 데 소요되는 원식자재의 원가를 (D)에 기록한다. 표준조리법상의 식재료원가를 적으면 되는데, 컵수프의 식재료비는 1,000원이다.

⑤ 각 아이템이 팔린 개수를 총 팔린 수량582개으로 나눈 후에 100을 곱하면 메뉴 믹스%가 되는데, (E)에 해당된다. 컵수프는 33/582×100=5.67%이고, 볼수프는 36/582×100=6.19%가 된다. 메뉴 믹스의 합계는 100%가 된다. 18개 아이템 중에서 메뉴 믹스%가 가장 높은 것은 BLT샌드위치인데, 11.9%로 가장 인기가 많은 아이템이다.

⑥ 각 아이템의 식재료비를 판매단가로 나눈 후에, 100을 곱하면 식재료원가율 food cost ratio(%)로 (F)가 된다. 컵수프의 원가율은 1,000/6,500×100=15.4%가 되고, 볼수프는 1,800/8,000×100=22.5%가 된다. 18개 아이템 중 가장 식

표 6-2 메뉴 엔지니어링과 CMA 분석표(점심 메뉴)

(단위 : 원(KRW))

					14개	9개	11개			6개						
			23개		3.89%	33.8%	14,482원			468,261원	14,482원	3.89%		33.8%	468,261원	
											Kasanava & Smith(메뉴 엔지니어링)			Pavesic(CMA 분석)		
순서	(A) Menu ItemName 메뉴명	(B) Selling Price 판매단가	(C) No.Sold 판매수량	(D) Food Cost 식재료비	(E) Menu Mix (MM%) 메뉴 믹스 (%)	(F) Food Cost Ratio 원가율(%) (D/B)	(G) Contribution Margin 공헌이익 (B-D)	(H) Weighted Food Cost 총원가 (D×C)	(I) Weighted Sales 총 매출 (B×C)	(J) Weighted CM 총공헌이익 (C×G)or(I-H)	(K) CM 영역 수익성	(L) MM 영역 선호도	(M) ME결과	(N) 원가율 수익성	(O) 총공헌이익 선호도	(P) CMA 결과
1	컵수프	6,500	33개	1,000	5.67	15.4	5,500	33,000	214,500	181,500	L	H	plowhorse	H	L	sleeper
2	볼수프	8,000	36개	1,800	6.19	22.5	6,200	64,800	288,000	223,200	L	H	plowhorse	H	L	sleeper
3	해산물샐러드	29,500	22개	9,800	3.78	33.2	19,700	215,600	649,000	433,400	H	L	puzzle	H	L	sleeper
4	셰프샐러드	32,500	25개	14,200	4.30	43.7	18,300	355,000	812,500	457,500	H	H	Star	L	L	problem
5	버섯샐러드	25,000	22개	8,600	3.78	34.4	16,400	189,200	550,000	360,800	H	L	puzzle	L	L	problem
6	칠면조샌드위치	21,000	30개	5,800	5.15	27.6	15,200	174,000	630,000	456,000	H	H	Star	H	L	sleeper
7	햄&치즈샌드위치	24,500	23개	6,100	3.95	24.9	18,400	140,300	563,500	423,200	H	H	Star	H	L	sleeper
8	치즈샌드위치	14,500	51개	4,600	8.76	31.7	9,900	234,600	739,500	504,900	L	H	plowhorse	H	H	prime
9	BLT샌드위치	19,500	69개	7,300	11.86	37.4	12,200	503,700	1,345,500	841,800	L	H	plowhorse	L	H	standard
10	생선샌드위치	22,500	28개	9,500	4.81	42.2	13,000	266,000	630,000	364,000	L	H	plowhorse	L	L	problem
11	햄샌드위치	22,500	18개	5,700	3.09	25.3	16,800	102,600	405,000	302,400	H	L	puzzle	H	L	sleeper
12	고급치즈샌드위치	22,500	38개	9,500	6.53	42.2	13,000	361,000	855,000	494,000	L	H	plowhorse	L	H	standard
13	칠면조클럽샌드위치	34,500	35개	9,100	6.01	26.4	25,400	318,500	1,207,500	889,000	H	H	Star	H	H	prime
14	치킨샌드위치	26,500	25개	7,600	4.30	28.7	18,900	190,000	662,500	472,500	H	H	Star	H	H	prime
15	햄버거	26,500	62개	9,400	10.65	35.5	17,100	582,800	1,643,000	1,060,200	H	H	Star	L	H	standard
16	디럭스햄버거	22,500	32개	8,200	5.50	36.4	14,300	262,400	720,000	457,600	L	H	plowhorse	L	L	problem
17	디럭스치즈햄버거	24,500	26개	9,400	4.47	38.4	15,100	244,400	637,000	392,600	H	H	Star	L	L	problem
18	디럭스버섯햄버거	26,500	7개	10,200	1.20	38.5	16,300	71,400	185,500	114,100	H	L	puzzle	L	L	problem
	계		582개	137,800	100.00			4,309,300	12,738,000	8,428,700						

품목 수 = 18개

메뉴 엔지니어링

메뉴 믹스 = 3.89%
1/18×0.7×100 = 3.89%

L : Low (낮다), H : High (높다)

평균공헌이익 = 14,482원
8,428,700원/582개 = 14,482원

CMA 분석

가중된 평균공헌이익(선호도) = 468,261원
8,428,700원/18개 = 468,261원

총평균원가율(수익성) = 33.8%
4,309,300원/12,738,000원×100 = 33.8%

Weighted Food Cost(총원가, 가중된 식재료원가), Weighted Sales(총매출, 가중된 매출액), Weighted CM(총공헌이익, 가중된 공헌이익)

출처 : Jack E. Miller & David V. Pavesic(1996). p.146을 참고하여 저자 재구성

재료원가율이 높은 것은 셰프샐러드로 43.7%이다.

⑦ 각 아이템의 판매단가에서 식재료비를 빼면 공헌이익이 되는데, (G)에 해당이 된다. 컵수프는 6,500원−1,000원=5,500원이 된다. 18개 아이템 중에서 공헌이익이 가장 큰 것은 칠면조클럽샌드위치로 25,400원이다.

⑧ 일정 기간에 팔린 특정 아이템에 대한 총 원가를 계산하여 (H)에 기록한다. 원가가 1,000원인 컵수프는 33개가 판매되어서 총 원가는 1,000원×33개=33,000원이 된다.

⑨ 일정 기간에 팔린 특정 아이템에 대한 총 매출총 수입을 계산하여 (I)에 기록한다. 컵수프는 6,500원×33개=214,500원이 된다.

⑩ 일정 기간에 팔린 특정 아이템에 대한 총 공헌이익을 계산하여 (J)에 기록한다. 컵수프는 공헌이익이 5,500원이고, 판매수량이 33개이므로, 5,500원×33개=181,500원이 된다. 메뉴 총 공헌이익은 (I)에서 (H)를 빼도 된다.

⑪ 메뉴 엔지니어링에서 수익성에 대한 분석의 결과를 (K)에 기록한다. 특정 아이템의 수익성이 높다 또는 낮다의 기준은 평균 공헌이익을 기준으로 하여, 메뉴 총 공헌이익의 합계를 팔린 전체 아이템의 수로 나누어서 얻는다(8,428,700원/582개=14,482원). 각 아이템에 대한 공헌이익을 기준으로 평균 공헌이익(14,482원)보다 낮은 아이템은 L로 표시한다. 컵수프의 경우는 공헌이익이 5,500원으로 평균 공헌이익 14,482원보다 낮으므로 (K)란에 L로 표시되어 있다. 18개 아이템 중에서 평균 공헌이익이 14,482원보다 높은 것은 11개에 해당된다.

⑫ 메뉴 엔지니어링에서 선호도인기도에 대한 분석의 결과를 (L)에 기록한다. 선호도의 기준은 [(1/N)×0.7×100]의 공식에 의해서 얻어지며, N은 아이템의 수를 의미하고, 0.7은 메뉴 엔지니어링의 저자인 카사바나와 스미스Kasavana & Smith의 경험에 의하여 정한 기준치로 절대치는 아니다. 여기에서는 N이 18개에 해당되므로, 1/18×0.7×100=3.89%가 된다. 즉, 3.89%보다 높거나 같으면 선호도가 높다H : High고 볼 수 있다. 컵수프의 경우 메뉴 믹스는 5.7%이므로 3.89%보다 높아서 선호도가 높다고 적는다. (E) 메뉴 믹스에서 3.89%보다 높은 것은 18개 메뉴 아이템 중에서 14개에 해당된다.

⑬ 메뉴 엔지니어링 분석 결과를 (M)에 기록한다. 선호도와 수익성이라는 두 개의 기준점으로 표 6-3을 참고하여 4개의 명칭star, puzzle, plowhorse, dog을 부여하게 된다.

⑭ CMA 분석에서 수익성에 대한 분석의 결과를 (N)에 기록한다. 18개 메뉴 아이템에 대한 총 원가율은 메뉴 총 원가의 합계를 총 매출로 나누어서 100을 곱해서 구하는데, 여기서는 4,309,300원/12,738,000원×100=33.8%가 된다. 각 아이템의 식재료비율원가율 (F)에서 33.8%보다 낮은 것은 수익성이 높다H : High라고 적는데, 18개 중 9개가 해당된다.

⑮ CMA 분석에서 선호도에 대한 분석의 결과를 (O)에 기록한다. 가중된 평균 공헌이익average weighted contribution margin은 총가중된 공헌이익의 합계를 메뉴 총 개수로 나누어서 구하는데, 여기서는 8,428,7000원/18개=468,261원이 된다. 총 공헌이익(J)에서 468,261원보다 큰 것은 선호도가 높다H : High라고 적는데, 18개 중 6개가 해당된다.

⑯ CMA 분석 결과를 (P)에 기록한다. 선호도와 수익성이라는 두 개의 기준점으로 표 6-3을 참고하여 4개의 명칭prime, sleeper, standard, problem을 부여하게 된다.

표 6-3 메뉴 엔지니어링과 CMA 분석의 관계

수익성	선호도	메뉴 엔지니어링	CMA 분석
높다	높다	star	prime
높다	낮다	puzzle	sleeper
낮다	높다	plowhorse	standard
낮다	낮다	dog	problem

메뉴 엔지니어링 매트릭스와 CMA 그래프를 그림 6-4, 6-5와 같이 제시하였다.

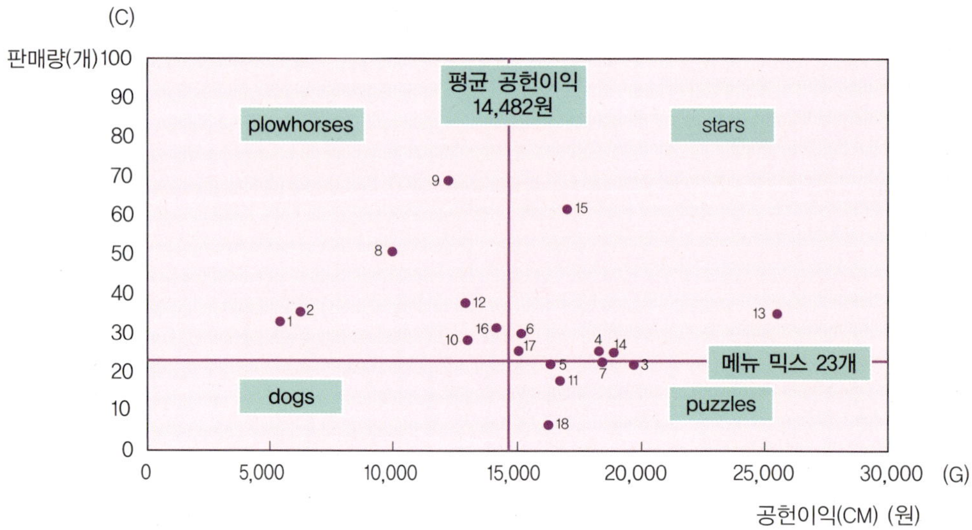

그림 6-4 메뉴 엔지니어링 매트릭스

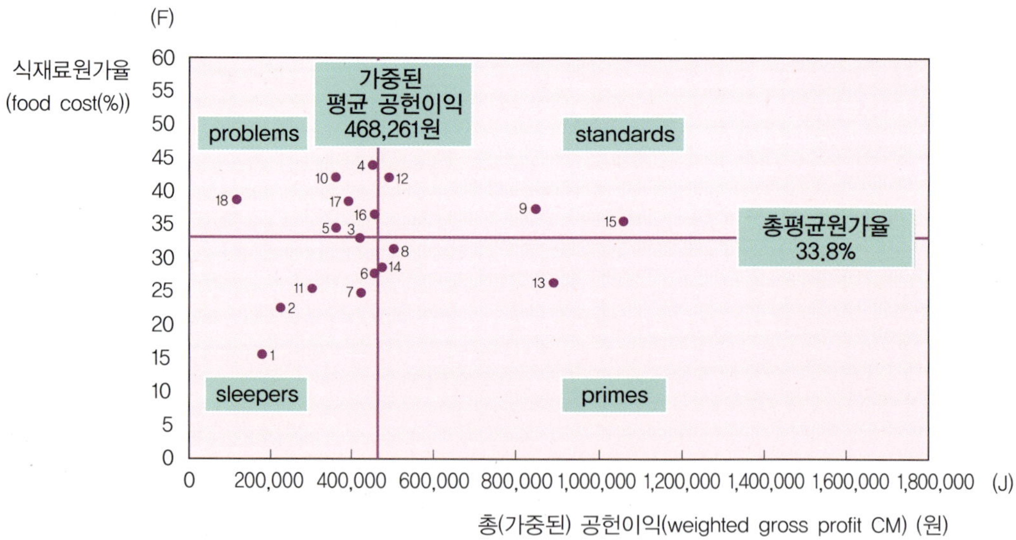

그림 6-5 CMA 그래프

2) 메뉴 엔지니어링과 CMA 분석의 비교

(1) 메뉴 엔지니어링과 CMA 분석

메뉴 엔지니어링과 CMA 분석을 비교하면 표 6-4와 같다.

표 6-4 메뉴 엔지니어링과 CMA 분석 비교

구분	메뉴 엔지니어링 분석	CMA 분석
수익성	X축 : 공헌이익(CM) 기준 • $\frac{\text{총공헌이익}}{\text{매출량(팔린 아이템의 총량)}}$ • $\frac{8,428,700원}{582개}$ = 14,482원	Y축 : 식재료원가율 기준 • $\frac{\text{가중된 전체 식재료원가}}{\text{가중된 전체 매출액}}$ • $\frac{4,309,300원}{12,728,000원}$ × 100 = 33.8%
선호도	Y축 : 판매량(개) 기준 • 1/18 × 0.7 × 100 = 3.89% • 3.89% × 582개 = 22.6개(23개를 기준)	X축 : 총(가중된) 공헌이익 기준 • $\frac{\text{총(가중된) 공헌이익}}{\text{제공된 아이템의 수}}$ • $\frac{8,428,700원}{18개}$ = 468,261원
분석	• Stars (HV, HCM) 4, 6, 7, 13, 14, 15, 17 • Plowhorses (HV, LCM) 1, 2, 8, 9, 10, 12, 16 • Puzzles (LV, HCM) 3, 5, 11, 18 • Dogs (LV, LCM) None	• Prime (HCM, LC) 8, 13, 14 • Standards (HCM, HC) 9, 12, 15 • Sleepers (LCM, LC) 1, 2, 3, 6, 7, 11 • Problems (LCM, HC) 4, 5, 10, 16, 17, 18
특징	• 메뉴 믹스, 공헌이익을 이용 • 객단가가 높은 레스토랑에서 활용 • 높은 공헌이익에 집중 • 고객의 선호도(판매량)를 기준 • 한계점은 수익성에 산술적인 평균을 이용하였고, 선호도의 공식(1/N × 0.7 × 100)을 그대로 이용 • 레스토랑의 입장에서 고객을 늘려 이익을 추구할 경우는 메뉴 엔지니어링 방법을 선택	• 매출량, 공헌이익, 원가율을 모두 고려 • 식재료비 비율을 기준 • 경영자의 입장을 고려함 • 식재료 비율을 낮춰 이익을 추구할 경우는 CMA 분석을 선택

* H : High, L : Low, CM : Contribution Margin(공헌이익), C : Food Cost(%)(식재료원가), V : Volume(판매량, 조업도)

출처 : 나정기(2004). p. 302, 305를 참고하여 저자 재구성

(2) CMA 분석의 특징

CMACost/Margin Analysis 분석에 대한 설명은 표 6-5와 같다.

표 6-5 CMA 분석

슬리퍼(sleepers)	스탠더드(standards)
• 원가율도 낮고 공헌이익이 낮은 아이템 • 메뉴 개발에 있어 운영자는 슬리퍼에 몇 개 아이템을 항상 가지고 있다. • 새 아이템이 소개되어 고객의 반응을 살피는 중이다. • 프라임이나 스탠더드로 이동이 가능하다. • 낮은 공헌이익은 인기 부족 때문이다.	• 원가율도 높고 공헌이익도 높은 아이템(즉, 인기 있는 아이템) • 인기가 있고 경쟁식당에서도 판매된다. • 가격이 중간 정도이고 판매량이 많거나 가격대가 높아서 판매량이 많지 않더라도 총 공헌이익 인기도가 높은 아이템이다. • 이 부분은 전체 판매의 40% 미만이어야 한다. 그렇지 않으면 식재료 비율이 증가한다. • 스테이크, 해산물 메뉴가 해당된다.
프라블럼(problems)	**프라임(primes)**
• 원가율은 높고 공헌이익이 낮은 아이템 • 메뉴 믹스에 영향을 주지 않거나 긍정적이지 않다. • 레스토랑에서 이런 아이템을 원하지 않는다. • 아이들 메뉴(kids menu)가 해당되는데, 원가 이하에 제공된다. • 생일케이크, 무료 디저트가 해당된다.	• 원가율이 낮고, 공헌이익이 높은 아이템 • 이 아이템은 그 레스토랑의 스페셜티가 된다(specialties of the house). • 독점이 될 수도 있다. • 가격 인상을 시도해도 된다. • 성공적인 레스토랑은 식재료비를 낮추고, 공헌이익을 증가시키기 위해 2개 이상의 프라임이 있어야 한다.

CMA 분석cost/margin analysis에 대한 부가 설명은 다음과 같다.

- CMA 분석은 판매 개수, 식재료원가, 공헌이익, 이 세 가지를 중요시한다.
- 식재료원가와 공헌이익에 영향을 주는 변동사항포션, 동반식품, 재료의 원가을 활용하도록 한다.
- 제안적 판매suggestive selling와 테이블 텐트table tents를 활용하여 공헌이익을 높이도록 한다.
- 햄버거(15)의 가격을 인상시켜 식재료원가율을 낮추면 프라임 영역으로 갈 수 있다. 치즈샌드위치(8), 치킨샌드위치(14)는 경계선에 있는 프라임인데, 가격, 동반식품의 변화, 프로모션 등을 통하여 안전한 프라임으로 가도록 할 수 있다.
- 메뉴 아이템이 인기도 없고, 식재료비도 높으면 메뉴에서 삭제하도록 한다.
- 메뉴의 가격, 음식의 프레젠테이션, 포지셔닝을 잘해서 메뉴 믹스를 향상시키

고, 품질 대비 저렴한 식재료를 구입하여 공헌이익을 높이도록 하면 레스토랑의 경영은 잘된다.

공헌이익은 판매가격에서 변동비를 공제한 이익을 표기하는 것이다. 식당에서 낮은 가격대로 인해 영업은 호황이지만 수익을 남기지 못하여 호황과 함께 식당을 폐쇄하는 경우를 볼 수 있는데, 이는 식재료원가food cost 이외에 인건비를 포함한 직접성 경비의 누적으로 이윤이 발생하지 않기 때문이다.

CMA 분석에서 스탠더드에 있는 아이템 중 식재료비가 높아 원가율 수익성이 낮지만, 판매수량이 많고 절대적인 공헌이익이 높아 총 공헌이익이 높은 경우가 있다. 또 프라임의 위치에 있는 아이템 중 수익성과 총 공헌이익이 동시에 높지만, 판매가가 낮아 상대적으로 총 공헌이익이 앞의 경우와 유사하거나 낮은 경우가 있다. 이때 가격이 낮은 프라임 아이템보다 가격이 높은 스탠더드 아이템의 판매에 주력할 필요가 있다.

표 6-6에서 스테이크는 재료비가 40%로 원가율이 10%인 수프보다 높으나 변동비를 공제하고, 11,000원36.6%의 이윤이 발생했다. 수프의 경우에는 10%의 낮은 원가율에도 3,800원54.3%의 이윤이 발생하여 이윤을 비교하면 스테이크의 1/3에 해당하는 이윤을 남겼다. 수프의 인기도가 높아 스테이크의 3배 정도 많이 팔린다고 하더라도 이윤은 비슷하여 총 공헌이익은 스테이크와 같다.

따라서 식당에서의 영업 전략은 적극적인 마케팅으로 고객cover을 늘려 판매수

표 6-6 스테이크와 수프의 분석

구분	스테이크	수프
판매가	30,000원	7,000원
재료비	12,000원 (40%)	700원 (10%)
인건비	6,000원	2,000원
직접 경비	1,000원	500원
이윤	11,000원	3,800원
이익률	36.6%	54.3%

량을 늘리는 것도 중요하지만, 내부 고객에게 절대적인 공헌이익이 높은 아이템들에 대해 적극적인 엡셀링upselling을 통하여 평균객단가를 높이는 것도 필수적이다.

3) 각 메뉴 아이템들의 전략

(1) 프라임, 스타, 위너(primes, stars, winners)

가장 좋은 그룹으로 수익성도 높고, 선호도가 좋은 아이템, 즉 공헌이익이 높고 판매량이 많은 아이템이다.

개선 방법

- 현재 음식의 품질과 양을 잘 유지한다.
- 가격의 변화에 고객이 민감하게 반응하지 않는 그룹이므로 가격인상을 시도해 본다.
- 제안적 셀링suggestive selling과 테이블 텐트를 이용하여 프로모션한다.
- 메뉴에서 가장 좋은 위치에 배열한다.
- 영업 중에 식재료가 부족하여 판매하지 못하는 사태가 발생하지 않도록 충분한 양을 비축한다.
- 할인정책은 사용하지 않는다할인한 만큼 이윤이 줄어든다.

(2) 스탠더드, 플로호스, 마지널(Ⅰ) (standards, plowhorses, marginals(Ⅰ))

선호도가 좋아 판매량이 많으나 수익성이 낮은 아이템 그룹 또는 원재료비가 비싸 수익률이 낮지만, 고가로 판매되는 아이템이므로 메뉴 믹스는 높지 않더라도 총공헌이익선호도은 높은 아이템이다. 수익성만 높이면 프라임 그룹이 될 수 있으므로 공헌이익을 높이도록 한다.

개선 방법

- 경쟁업체에 없는 아이템의 가격을 인상하여 고객의 반응을 살펴본다.
- 아이템의 원가를 낮춰 공헌이익을 증가시키는 방향을 고려한다.

- 포션이 크면 포션을 줄인다.
- 동반식품을 줄인다.
- 낮은 가격으로 제공할 수 있는 납품업자를 찾는다.
- 싼 재료를 활용한다.
- 선호도가 높아 메뉴 믹스가 높은 아이템의 경우 메뉴 디자인 시 고객의 시선이 덜 집중되는 곳으로 옮긴다.
- 프레젠테이션의 손질로 외관을 고급으로 바꾸고 가격 인상을 추진한다.

(3) 슬리퍼, 퍼즐, 마지널(II)(sleepers, puzzles, marginals(II))

가격이 높거나 재료비의 비율이 낮아 수익성은 높으나 선호도가 낮아 판매량이 저조한 그룹으로 고객의 선호도를 높이도록 한다.

개선 방법

- 메뉴의 이름을 바꾸거나 메뉴상 최상의 위치에 배열하여 고객의 관심을 끌도록 한다.
- 메뉴의 이름을 바꾸고, 판매를 촉진하여 시그너처 메뉴로 만들도록 한다.
- 제안적 판매, 판매 인센티브제, 테이블 텐트, 메뉴 보드를 이용하여 판매량을 높이도록 한다.
- 판매 촉진promotion 행사를 통해 가격 인하를 한다.

(4) 프라블럼, 도그, 루저(probloms, dogs, losers)

가장 좋지 않은 그룹으로 선호도도 없고 수익성도 낮은 그룹이다. 선호도와 수익성을 모두 높이도록 한다.

개선 방법

- 판매 가격을 인상하면 공헌이익이 증가하여 슬리퍼 그룹이 된다.
- 재료원가를 낮춘다.
- 메뉴에서 숨긴다.
- 대체 아이템을 개발하고 프로모션한다.

- 덜 비싼 재료와 혼합한다.
- 이런 방법이 모두 실패하면, 메뉴에서 삭제한다. 메뉴판에서 삭제하면 메뉴의 수가 줄어 고객의 선택이 줄어들게 된다. 대체 메뉴를 개발하여 메뉴판에 삽입한다.

CHAPTER

07 메뉴의 마케팅 전략

1. 외부 마케팅 | 2. 내부 마케팅 | 3. 쿠폰과 할인
4. 스페셜티 메뉴와 시그너처 메뉴 | 5. 음식의 추세 | 6. 레스토랑의 고객

C H A P T E R

07

학습목표

1. 내부 마케팅 방법을 설명할 수 있다.
2. 마케팅 방법 중 쿠폰과 할인을 이해한다.
3. 시그너처 메뉴와 스페셜티 메뉴를 구분하고, 시그너처 메뉴를 만드는 방법을 설명할 수 있다.
4. 음식의 트렌드에 대해 이해하고 이를 적용한 메뉴 계획을 할 수 있다.
5. 레스토랑 방문 목적에 따라 고객을 파악하여 마케팅에 적용할 수 있다.

1. 외부 마케팅

외부 마케팅을 성공적으로 실행하고 메뉴 구성을 효과적으로 하기 위해서는 시장 상황 파악을 하는 것이 우선적으로 필요하며 이에 대한 구성은 '시장 분석', '고객 분석', '경쟁자 분석'으로 나타낼 수 있다. 최근 마케팅의 영역은 4차 산업시장 확장에 따라 빅데이터Bigdata를 활용한 유/무료의 플랫폼 서비스가 생겨나고 있으며, 시장분석은 메뉴관리 시 반드시 확인해야 할 요소로 자리 잡고 있다. 대표적인 플랫폼 서비스는 소상공인 시장진흥공단에서 제공하는 '상권정보'그림7-2가 있으며 이 밖에 나이스비즈맵nicebizmap, 서울시에서 운영하는 '서울시 우리마을가게 상권분석 서비스', 각 통신사의 빅데이터를 활용한 상권분석 서비스 등이 있다.

1) 시장 분석

시장 분석은 산업 분석과 상권 분석을 바탕으로 메뉴의 전망을 파악하고 레스토랑이 속한 지리적 특성을 파악하는 데 목적을 가지고 있다. 산업 분석은 PEST 분석과 제품 수명주기 분석을 통해 할 수 있으며 이를 통하여 구상한 메뉴에 알맞은 마

Know 1

PEST 분석

정치적(Political), 경제적(Economic), 사회적(Social), 기술적(Technological)으로 거시적 시장 파악을 위한 분석이다.

- 정치적(P) : 법, 세금과 같이 정부적 차원에서 영향을 미치는 형태이다. 최저임금과 같은 법률적 변화에 따른 메뉴 가격 선정을 해야 한다.
- 경제적(E) : 은행금리, 환율 등을 포함한 요소로 수입산 식재료에 의존하는 경우 안정적으로 식재료를 공급받을 수 있는 계약방법 등의 대안이 필요하다.
- 사회적(S) : 1인 가구 비율, 노인고령화 등과 같은 인구통계적인 요소와 라이프스타일, 트렌드와 같은 요소이다. 2017년 기준 1인 가구의 비율이 27.6%에 달하여 이에 맞는 1인 메뉴, 가정간편식 등의 메뉴 개발이 필요하다.
- 기술적(T) : 기술의 변화, 새로운 기기 도입 등의 요소로 최근 모든 메뉴가 포장 가능할 정도로 포장 기술이 발달하였다.

그림 7-1 PEST 분석의 사례

케팅을 제시할 수 있다.

상권 분석은 크게 인구의 유형 및 규모, 상권 분류, 동종업계 분석 등을 통해서 진행한다. 특히, 메뉴는 연령, 성별, 주변 경쟁업체 등에 큰 영향을 받으므로 세부적인 분석이 필요하다. 최근에는 상권 분석 서비스를 제공하는 플랫폼들이 다수 존재한다.

인구 조사는 메뉴의 특성에 따라 크게 거주인구, 직장인구, 유동인구 등을 기반으로 분석할 수 있다. 거주인구는 분석 범위 내에 거주하며 지내는 인구로 잠재고객이 될 가능성이 높아 향후 메뉴구성 시 마케팅 대상으로 충분히 고려되야 한다. 그림 7-3은 강남역 기준으로 300m 주변을 분석한 결과 상권 유형으로는 '복합지역'으로 파악됐으며 거주인구2,864명, 유동인구주중 193,862명, 주말 107,298명와 직장인구31,195명을 기반으로 메뉴 마케팅전략 수립을 해야 성공적인 메뉴계획을 세울 수 있다.

그림 7-2 소상공인 시장진흥공단 '상권정보' 홈페이지 화면

출처 : 상권정보시스템 홈페이지(sg.sbiz.or.kr)

· 주중/주말, 요일별 일 평균 유동인구

지역	구분	주중/주말		요일별						
		주중	주말	월	화	수	목	금	토	일
분석영역	명	193,862	107,298	186,441	193,999	193,868	194,102	200,905	130,960	83,639
	비율	64.4%	35.6%	15.7%	16.4%	16.4%	16.4%	17.0%	11.1%	7.1%

· 성별/연령별 직장인구

구분	전체	성별		연령별				
		남성	여성	20대	30대	40대	50대	60대이상
수	31,195	14,577	16,618	5,803	10,483	7,555	4,306	3,050
비율	100.0%	46.7%	53.3%	18.6%	33.6%	24.2%	13.8%	9.8%

자료 시점 : 2021년 4월 기준

그림 7-3 분석 범위 내 유동인구, 직장인구 분석 결과(강남역 기준 300m 반경)

출처 : 상권정보시스템 홈페이지(sg.sbiz.or.kr)

표 7-1 상권 유형의 예

유형	설명
고밀도 주거지역	주거시설밀도가 매우 높은 지역으로, 주로 고층 아파트 밀집 지역
중밀도 주거지역	상업, 업무시설 밀도가 매우 낮으며, 빌라, 저층아파트가 밀집된 지역, 또는 적은 수의 고층아파트가 있는 지역
저밀도 주거지역	상업, 업무시설 밀도가 매우 낮으며, 주거시설밀도가 낮은 지역(단독주택 밀집지역)
고밀도 주거상업 지역	고밀도 주거지역 중 상업시설이 밀집된 지역, 주로 고층아파트 밀집지역에 형성된 상업 중심 지역(예 : 삼성동, 사당동 일대)
주택상업지역	저밀도, 중밀도 주거지역 내 상업시설이 밀집된 지역(예 : 서울 명동, 부산 남포동 등)
고밀도 주거업무 지역	고밀도 주거지역 중 업무시설이 밀집된 지역, 주로 고층아파트 밀집지역에 형성된 업무 중심 지역(예 : 목동, 서초, 도곡동 일대 등)
주택업무지역	저밀도, 중밀도 주거지역 내 업무시설이 밀집한 지역, 주로 저층주택 중심지에 형성된 업무 중심 지역(예 : 여의도, 문래동 일대)
업무지역	주거시설 밀도가 매우 낮고 업무시설(오피스 등)이 밀집된 지역(예 : 여의도, 서초동 일대)
복합지역	주거시설 밀도가 매우 낮으며, 상업시설 및 업무시설밀도가 매우 높은 지역(예 : 종로, 강남역 일대 등)
공업지역	공장지대
기타 지역	주거, 상업, 업무, 공업 어느 타입에도 속하지 않는 지역, 주로 산, 수계, 전답 등

출처 : 상권정보시스템(sg.sbiz.or.kr)

2) 고객 분석

고객 분석을 통하여 식당을 찾는 주요 고객의 성향, 행동 및 욕구를 파악할 수 있다. 고객 분석은 '상권 분석 시스템'과 통계 DB를 활용하는 간접 조사와, 직접 상권 및 입지의 유동인구 등을 체크하여 직접 조사를 동시에 실시해야 한다.

직접 조사를 통하여 입지의 시간대별 주요 유동인구의 특성을 파악할 수 있어 간접조사의 결과를 확인할 수 있으며 메뉴 선정 및 마케팅에 큰 도움이 된다그림 7-4. 유동인구의 규모는 상권 및 입지 선택에 큰 영향을 미치는 요소로 잠재고객을 이해하여 그들이 원하는 적절한 메뉴 및 서비스를 제공할 수 있어 결과적으로 성공 가능성을 높일 수 있다.

간접 조사인 상권 분석을 통하여 거주인구와 직장인구의 비율을 알 수 있으며, 세부적으로 성별, 연령별, 요일별 등 추가적 정보를 파악할 수 있다. 가능하다면 설문조사를 실시할 때 더 정확한 메뉴 수요 예측이 가능할 것이다.

그림 7-5를 살펴보면 상권 분석 시스템을 활용한 주거인구의 성별, 연령별 결과를 볼 수 있다. 이를 통하여 메뉴에 대한 적합한 가격, 품질, 주요 고객의 이용 목적과 식당의 운영 형태, 운영 시간, 인테리어 등 콘셉트concept를 결정할 수 있다.

연령 / 조사 시간	초등학생		중 · 고생		20대		30~40대		50대 이상		합계	
	남	여	남	여	남	여	남	여	남	여	남	여
09 : 00 ~ 10 : 00												
10 : 00 ~ 12 : 00												
12 : 00 ~ 13 : 00												
13 : 00 ~ 14 : 00												
14 : 00 ~ 15 : 00												
15 : 00 ~ 16 : 00												
16 : 00 ~ 17 : 00												
17 : 00 ~ 18 : 00												
18 : 00 ~ 19 : 00												
19 : 00 ~ 20 : 00												
20 : 00 ~ 21 : 00												
21 : 00 ~ 22 : 00												
22 : 00 ~ 23 : 00												
23 : 00 ~ 24 : 00												
합계												
평균												

그림 7-4 시간대별 유동인구 직접 조사표

· 주중/주말, 요일별, 시간대별 일 평균 유동인구

2021. 4. 기준, 단위: %

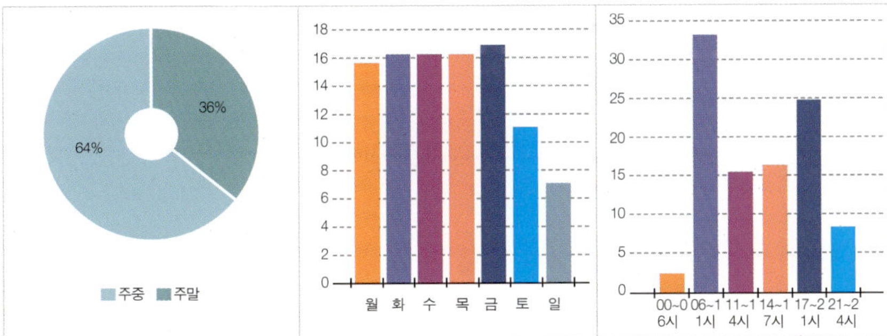

· 연령대별 소비현황

단위 : 만원

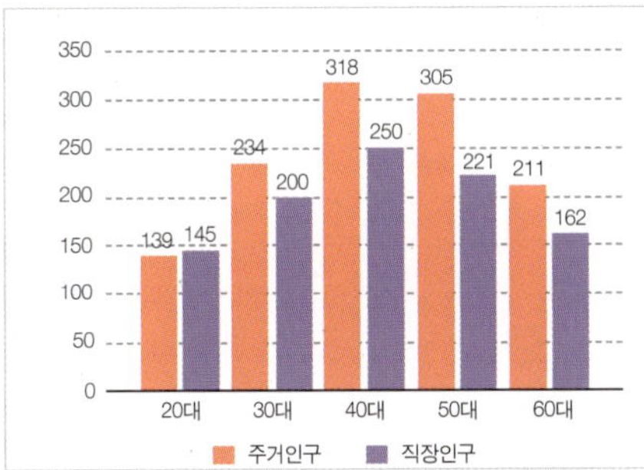

연령대별	주거인구 소비		직장인구 소비	
	2020년 상반기	2020년 하반기	2020년 상반기	2020년 하반기
20대	130~152	129~149	135~157	134~156
30대	219~255	216~252	189~219	185~215
40대	295~343	294~342	232~270	231~269
50대	283~329	282~328	205~239	204~238
60대 이상	196~228	195~227	150~174	150~174

그림 7-5 유동인구 및 소비분석 결과(간접조사 예시)

출처 : 나이스지니데이타 및 상권분석 홈페이지

3) 경쟁자 분석

경쟁자 분석은 동일 업종의 추이 분석 및 아이템 장・단점, 위치, 메뉴 구성, 주요 고객 등을 바탕으로 판단할 수 있다. 고객 분석에 제시된 내용과 같이 통계 빅데이터를 활용한 간접 조사와 직접 조사를 동시에 실시해야 한다. 플랫폼 서비스를 기반으로 기간별 업종의 추이와 업종 분포를 파악하고 카드사 기준으로 도출된 평균

표 7-2 여의도역 주변 중국음식/중국집 증감 추이 분석

(단위 : 개, %)

구분	업종	2019.06	2019.12	2020.06	2019.12	2021.04
분석업종	중국음식/중국집	16	16 (-)	16 (-)	18 (▲12.5%)	15 (▼16.7%)
중분류	음식점 및 주점업	1,095	1,098 (▲0.3%)	991 (▼9.7%)	818 (▼17.5%)	432 (▼47.2%)
대분류	숙박・음식	1,113	1,116 (▲0.3%)	1,008 (▼9.7%)	831 (▼17.6%)	439 (▼47.2%)

출처 : 상권정보시스템(sg.sbiz.or.kr)

표 7-3 여의도역 주변 중국음식/중국집 평균매출액 및 이용건수

[단위 : 만원, 건(%)]

구분	업종		2020.11	2020.12	2021.01	2021.02	2021.03	2021.04
분석 업종	중국 음식/ 중국집	매출액	6,098	4,786 (▼ 21.5%)	4,894 (▲ 2.3%)	6,113 (▲ 24.9%)	7,637 (▲ 24.9%)	7,673 (▲ 0.5%)
		건수	2,429	1,906 (▼ 21.5%)	2,010 (▲ 5.5%)	2,249 (▲ 11.9%)	2,765 (▲ 22.9%)	2,726 (▼ 1.4%)
중분류	음식점 및 주점업	매출액	21,033	7,908 (▼ 62.4%)	7,135 (▼ 9.8%)	3,720 (▼ 47.9%)	4,961 (▲ 33.4%)	4,731 (▼ 4.6%)
		건수	3,427	2,502 (▼ 27.0%)	2,577 (▲ 3.0%)	1,633 (▼ 36.6%)	2,213 (▲ 33.5%)	2,173 (▼ 1.8%)

출처 : 상권정보시스템(sg.sbiz.or.kr)

표 7-4 경쟁업체 분석 예시(직접 분석)

업체명	영업 형태	주력 아이템 및 가격대	영업 시간	핵심 고객	영업 연수	평균 내점 고객 수(명)		예상 일 매출(원)	
						평일	주말	평일	주말
A	개인	• 짜장면 • 4,000원/1인분	11:30~ 21:00	중 · 고 등학교	3	120	120	480,000	
B	프랜 차이즈	• 짬뽕 • 6,000원/1인분	24시간	직장인	5	200	230	1,200,000	1,380,000
C	개인	• 해물볶음짜장 • 5,500원/1인분	11:00~ 20:30	대학생, 직장인	3	150	90	825,000	495,000

매출액, 이용건 수 등을 비교하여 예상고객 및 잠재고객들의 소비 패턴 및 객단가를 도출할 수 있다. 단순히 업체의 증감을 보고 접근하기보다 증가한 이유와 감소한 이유를 적절히 분석해 마케팅에 적용해야 메뉴 계획에도 실패가 없을 것이다.

2. 내부 마케팅

내부 마케팅internal marketing은 고객이 레스토랑에 온 이후에 수반되는 판매, 판매 기획 전략과 기술을 말한다. 내부 마케팅을 기업의 내부 고객인 직원에 대한 마

Know 2

권한이임

권한이임(empowerment)은 실무자들의 업무 수행 능력을 제고시키고, 관리자들이 지니고 있는 권한을 실무자에게 이양하여 그들의 책임 범위 확대를 통해 종업원들이 보유하고 있는 잠재 능력과 창의력을 최대한으로 발휘하도록 하는 방법을 말한다. 권한이임은 권한과 책임을 동시에 갖게 된다.

케팅으로 일컫기도 하지만 여기에서는 레스토랑을 방문한 고객에 대한 마케팅을 일컫는다. 내부 마케팅은 고객 만족, 고객들이 받게 될 음식과 서비스에 대한 기대, 레스토랑의 분위기와 장식에 영향을 준다. 고객은 높은 품질, 훌륭한 서비스를 위해서는 고가를 지불할 수 있다. '고객 충성심customer loyalty은 움직인다'는 인식을 가지고 고객의 반응에 세심한 주의를 기울여야 한다. 좋은 서비스good service에 대한 입소문은 경쟁을 위한 가장 효과적인 무기가 될 수 있다. 좋은 서비스란 간단하게 말하면 손님을 만족시키는 것이고, 훌륭한 서비스exemplary service는 고객의 기대를 완전히 넘어 고객을 기쁘게 하는 것이다. 서비스는 고객 중심에서 시작하기 때문에 고객의 기대를 넘기 위해서는 고객에 대해 잘 알아야 한다. 고객 충성심과 수익성 사이에는 직접적인 연관이 있는데, 결과적으로 좋은 서비스를 통해 고객 충성심이 확립되고 유지되면 레스토랑의 수익성이 증대된다. 좋은 서비스를 통해 고객을 만족시키기 위해서 직원들에게 권한이임empowerment을 해야 한다.

내부 마케팅의 구체적인 방법은 다음과 같다.

1) 총체적인 만족 추구

고객과의 첫 접촉은 예약, 위치문의 등 전화통화로 시작된다. 직원의 목소리톤, 인사태도 등에서 고객은 서비스 태도를 평가하기 시작한다. 내부 마케팅은 식사가 끝나고 고객이 레스토랑을 떠날 때까지 계속된다. 내부마케팅은 방문의 모든 면음식, 서비스, 경영, 조명, 온도, 의자와 같은 물리적 시설에서 고객의 총체적인 만족을 추구한다.

2) 레스토랑 직원과 내부 마케팅

고객이 매니저를 만날 때는 음식이나 서비스에 문제가 있을 때에만 한정되며 일반적인 상황에서는 주로 서버server가 고객과 대면한다. 따라서 식사의 경험은 서버의 태도에 상당 부분 좌우되는데, 서버가 너무 진지하면 식사 분위기가 어둡고, 서버가 따뜻하고 유쾌하면 즐거운 식사를 경험할 수 있게 된다. 따라서 자연스럽게 다정하고 명랑한, 소위 '서비스 마인드 태도service minded attitude'가 있는 직원들을 고용하는 것이 중요하다. 불만족한 고객은 10명의 친구에게 이야기하고 1회 불만족한 것을 복귀하려면 6번의 긍정적인 서비스 접점service encounter이 필요하므로 불만족 고객이 생겨나지 않도록 하는 것이 중요하다. 고객 서비스 태도customer-service attitude의 요소들은 다음과 같다.

① 사람들에게 서빙하는 것을 즐기는 직원들만 고용한다.
② 서비스 전달service delivery에 높은 기준을 둔다.
③ 그 기준을 성취하는 데 양보하지 않는다.
④ 계속적으로 고객에게 귀 기울이고, 괜찮은지를 묻는다.
⑤ 고객이 쉽게 피드백할 수 있는 분위기를 만든다. 매니저와 일반 직원이 고객과 쉽게 접근하도록 한다.
⑥ 제안하는 고객의 의견을 잘 수렴한다.
⑦ 듣지만 말고, 액션을 취한다. 고객불만complain이나 서비스 실수를 만회하기 위해 기대 이상의 액션을 취한다. 예를 들어, 무료쿠폰 증정, 할인 등의 방법을 취하도록 한다.
⑧ 작지만 세심한 일들little details, small details에 집중한다. 고급 레스토랑의 경우, 대리주차의 비용을 따로 받지 않는다. 레스토랑의 화장실, 파우더룸powder room을 깨끗하게 유지한다.
⑨ 품질quality과 자신감pride을 중요시한다.

3) 직원 교육

서버는 고객과 직접 마주하는 직원이므로 레스토랑에서는 가장 중요한 위치 중 하나이다. 고객을 감동시키는 훌륭한 서비스를 제공하기 위해서는 교육만으로는 가능하지 않고 선천적으로 친절한 태도를 가진 직원을 선택하는 것이 중요하다. 직원들이 자신의 일에 자신감이 없고, 열정적으로 하지 않으면, 그들은 단지 주문을 받는 사람order taker과 음식을 배달하는 사람delivery person에 지나지 않는다. 서버는 고객을 기쁘게 하는 일에 집중해야 한다. 또한 서버들에게 주문받는 능력 이상의 교육을 시켜서 영업판매이 가능하도록 교육해야 한다.

성공적인 푸드 서비스 판매인의 특징은 메뉴를 팔기 위한 기본 능력을 소유하고 외국어 능력, 얼굴 표정 등, 긍정적인 태도를 가지고 있으며, 자신의 능력에 자신감을 갖고, 메뉴에 대해 잘 알고 있어야 한다.

한편, 실제 서비스 상태에서는 100% 맞는 것이 없고 100% 틀린 것이 없다. 상황에 따라 서버가 상황 판단을 하고 처리할 수 있도록 다양한 경험을 확보하도록 하는 것이 중요하다.

Know 3

호텔 서비스 현장에서의 실화

매일 아침 6시에 식사를 하러 오는 노신사 한 분이 있었다. 서버는 고객과 대화를 나눈 후 그 분이 언론사 회장임을 알아내 그 회사에서 발간하는 조간신문을 준비하여 제공하니 노신사가 무척 기뻐하였다. 며칠 후 노신사는 고객 한 명을 동행하고 왔는데, 평소와 같이 준비한 신문을 테이블에 올리자 얼굴이 잿빛으로 변하였다. 후일에 알아보니 관계가 좋지 않은 경쟁 신문사 회장을 초청하여 화해하는 자리였다고 한다. 서버는 그날 신문을 준비하지 않은 것보다 더 못한 상황을 맞게 된 것이다.

좋은 서버를 양성하기 위해서는 직원과 고객의 역할 상황극(role play)을 통한 교육, 경험이 많은 서버의 대고객 서비스 제공에서 발생했던 문제, 효과적인 처리 결과(case by case)를 통한 간접 경험을 활용하여 교육시키는 것이 필요하다.

4) 제안적 판매와 업셀링

판매하는 음식을 먹어 보지 않은 서버들은 음식이나 음료를 추천하지 못한다. 제안적 판매suggestive selling는 매출을 높일 수 있는 가장 확실한 방법으로, 서버에 의한 상품 판매는 메뉴를 더 강력한 마케팅 도구로 만든다.

구두추천 업셀링verbal upselling과 판매기획merchandising은 인쇄된 메뉴의 대체물이 아니라, 인쇄된 메뉴를 보충 설명하는 것이다. 고객에게 업셀링하는 것은 레스토랑을 직접적으로, 일정하게잘 디자인된 메뉴로, 개인적으로서버만 할 수 있다 마케팅하는 것이다.

업셀링을 통해 고객은 식사와 함께 와인과 같은 음료를 추가로 주문하거나 일품요리에 추가로 후식 등을 주문하여 레스토랑의 수익을 높이는 효과가 있다.

또는 고객이 생각했던 것보다 높은 급의 메뉴 아이템을 추천함으로써 레스토랑의 수익은 물론 식사 경험에 대한 고객의 만족을 높여 결과적으로 재방문할 수 있도록 유도하게 된다.

업셀링을 위해서는 서버가 메뉴에 대해 잘 알고 있어야 메뉴를 더 잘 설명할 수 있으므로 재료, 조리 방법, 레시피 등을 사전에 숙지해야 한다. 서버가 열정적이고 메뉴에 대해 잘 알고 있을 때, 손님들은 서버의 제안과 추천에 신뢰감을 가지고 받아들인다.

디저트 판매에서는 샘플링맛보기을 통한 제안적 판매를 할 수 있는데, "오늘의 스페셜 디저트는 ㅇㅇㅇ인데, 원하시면 한 조각 맛보시게 해 드립니다."라고 긍정적인 질문을 해서 긍정적인 답변을 받도록 한다.

서버들이 모든 고객에게 애피타이저와 디저트를 제안하면 매출의 10%를 상승시킬 수 있으므로 적극적인 와인, 에피타이저, 디저트의 업셀링을 통해 매출을 올리도록 한다.

5) 숨기고 싶은 메뉴와 보여 주고 싶은 메뉴

인기 아이템은 원가와 인건비가 높아 수익성이 떨어지더라도 메뉴 아이템을 삭제하는 결정은 신중해야 한다. 메뉴 아이템을 삭제하게 되면 일반 고객들이 불평하게 되므로 이런 경우에는 메뉴 아이템을 유지하되, 메뉴판에서 그 아이템을 잘 보이지 않는 위치로 옮겨 손님들이 찾게 하는 것이 좋다. 눈에 띄지 않게 하면, 자연스럽게 판매가 감소되므로 고객 만족 유지와 원가 조절을 동시에 할 수 있다. 반면, 고객의 시선을 끌어 많이 판매되기를 원하는 경우는 칠판에 2~3개의 특색 있는 메뉴 아이템을 예쁘게 써서, 눈에 띄는 장소에 놓으면 판매율이 높아져 식사 시간이 끝나기 전에 다 팔 수 있게 된다.

메뉴판에 부착된 사진과 실제로 제공된 음식은 같아야 하며, 메뉴 사진 한 장이 천 마디 말의 가치와 같다. 스페셜 메뉴의 프로모션이나 스페셜 서비스는 메뉴 전략에서 매우 중요한 요소이다.

6) 관리와 고객 만족

고객 중심의 서비스는 레스토랑 경영자에서 시작하여 직원에게로 흘러야 한다. 레스토랑 경영자는 직원들이 고객을 만족시키기 위해서 준비하고ready, 하고자 하고willing, 할 수 있도록able to do 격려해야 한다. 레스토랑 책임자는 다이닝룸식사 공간에서 항상 무엇이 일어나는가의 전체 그림을 보고 고객이 식사 경험에 만족하고 있는지를 살펴야 하며 고객의 조언에 항상 경청하고 반응해야 고객의 재방문을 끌어낼 수 있다.

연령, 분포, 남녀, 수입 등 고객의 성격에 따라 식사 경험에 대한 기대와 요구가 다르고 결과적으로 메뉴 결정에 영향을 주게 된다. 따라서 재방문 고객이 식당에 도착하면, 이전에 식사했던 메뉴, 선호도, 기념일 등 관련 자료를 컴퓨터에 등록하고 시스템화하여 서버들이 활용하여 각각의 고객이 중요한 사람으로 인식되고 환영받는다는 느낌이 들 수 있도록 한다. '나를 알아본다'라는 것을 고객들은 좋아한다. 고객을 환영하고, 양질의 음식과 서비스 제공이 성공의 원천이다.

7) 고객 서비스 태도

고객 서비스 시 고객은 항상 옳지 않을 수 있다. 그러나 그들이 항상 고객이라는 사실을 인지하고 고객을 대해야 한다.

고객이 불만을 표시했을 때에는 다음과 같이 반응해야 한다.

① 실수한 것을 인정한다.
② 고객이 화가 났다면 끝까지 경청하고 말이 끝나기 전에 변명하지 않는다. 고객이 말을 마치면 정중히 사과한다.
③ 고객에게 사과하고, 필요한 액션을 취하여 문제를 즉시 해결한다고 안심을 시켜 준다.
④ 고객의 돈을 받지 않는다.
⑤ 고객에게 값을 지불시키지 말고, 주문한 메뉴 아이템보다 더 높은 가격의 메뉴 아이템을 제공한다.

3. 쿠폰과 할인

1) 쿠포닝(couponing)

쿠폰coupons의 시작은 다른 레스토랑과 경쟁하기 위해서, 또 체인 레스토랑이 더 큰 시장점유율을 위해 프로모션하는 전략으로 사용된다.

할인discounts 프로모션 방법에는 쿠폰, 경로우대, 조조할인early bird discounts, 기념일 할인, 오늘의 스페셜 메뉴daily specials, 무료음식 제공free meal items 등이 있다. 모든 상업적 레스토랑의 90%는 디스카운트를 활용하고 있다. 쿠폰이 레스토랑의 위치를 낮추게 할 수도 있다. 쿠폰은 판매를 증가시키고, 대중에게 레스토랑에 대한 인지도를 높여 고객의 수를 증가하게 한다. 쿠폰은 새로운 메뉴를 만들어 단골 고객의 평가를 받을 때, 새롭게 오픈하거나 리뉴얼한 레스토랑을 소비자에게 새롭게 인식시켜야 할 때 유익한 도구가 될 수 있다.

하지만 쿠폰을 사용할 때에는 주의를 기울여야 하는데, 단골 고객이 쿠폰을 받게 되면 사기당한 느낌이 들 수 있고 경쟁업체들이 가격 경쟁으로 인해 동시에 쿠폰을 통한 할인을 하게 되면 쿠폰 사용의 의미가 상쇄된다. 더 나아가 목표했던 고객층이 할인에 의해 평균 식사비용 예산이 낮은 고객층으로 바뀌어 프로모션 기간이 끝나 원래의 가격으로 돌아왔을 때 가격에 대한 반발이 있게 된다.

2000년대 초반 한 패밀리 레스토랑에서 고객층의 확대를 위해 이동통신사와 협력하여 이동통신사 고객들에게 25% 이상의 파격적인 할인을 실시했다. 그 결과 객단가가 높게 인식되어 고소득의 직장인이 주 고객이었던 패밀리 레스토랑 고객층이 대학생 등 젊은 고객층으로 확대되었다. 그 후 경쟁 패밀리 레스토랑도 동일한 종류의 할인을 제공하게 되었고 패밀리 레스토랑의 평균 식사비용에 대한 고객들의 인식이 점점 낮아졌다. 이동통신사와의 계약이 끝나고 기존 가격으로 되돌아왔을 때 고객들은 오히려 할인 가격을 진짜 가격으로 인식하게 되어 이 레스토랑은 운영상 어려움을 겪게 되었다.

일반적으로 객단가가 높은 고급 레스토랑은 쿠폰을 사용하지 않으며, 쿠폰은 10만 원 이하의 레스토랑에서 사용한다. 객단가가 높은 레스토랑에서 쿠폰을 사용하면 고객은 "왜 지금 가서 가격을 다 지불하는가? 쿠폰을 기다려야지"라고 생각하며 기다린다. 객단가가 높은 레스토랑에서 쿠폰을 사용한다면 비수기slow time를 활용하여 추가로 고객이 오게 하는 목적으로 이용될 수 있다.

2) 쿠폰의 형태

쿠폰은 하나 더(1+1), 무제한 쿠폰, 조건적 쿠폰이 있다. 쿠폰의 제공은 프로모션이 목적이므로 광고비로 여겨 손실을 감안하고 제공하는 경향이 있다. 하지만 쿠폰의 제공 형태에 따라 손실을 최소화하면서 목표했던 효과를 누릴 수 있으므로 사전에 어떤 형태의 쿠폰을 제공할 것인지 계산해 보아야 한다.

표 7-5는 쿠폰 활용의 예로 쿠폰 제공 형태에 따른 비용을 비교할 수 있다.

첫 번째 식사를 판매 시에 수입은 1만 4,000원, 식재료비는 5,180원, 노무비는

표 7-5 쿠폰에 따른 가격지불

구분		수입	식재료비	노무비	경비	이익
1. 첫 번째 식사 판매 시	–	14,000원	5,180원	5,180원	2,500원	1,140원
2. 두 번째 식사 판매 시	첫 번째 식사	14,000원	5,180원	5,180원	2,500원	9,960원
	두 번째 식사	14,000원	5,180원			
3. 두 번째 식사를 반 가격에 제공 시	첫 번째 식사	14,000원	5,180원	5,180원	2,500원	2,960원
	두 번째 식사	7,000원	5,180원			
4. 두 번째 식사를 공짜로 제공 시	첫 번째 식사	14,000원	5,180원	5,180원	2,500원	–4,040원
	두 번째 식사		5,180원			

5,180원, 경비는 2,500원으로 이익은 1,140원이 된다. 만약 할인 없이 두 번째 식사를 판매 시에는 동일한 방법을 적용하여 9,960원의 이익이 발생하게 된다.

쿠폰을 발행하여 두 번째 식사를 반 가격으로 제공할 때 2,960원의 이익이 발생하고, 두 번째 식사를 공짜로 제공 시에는 4,040원의 손실이 있게 된다.

판매량이 증가할수록 판매량이 많거나 적거나 비용이 일정한 노무비·경비와 같은 고정비의 단위당 비용은 낮아지게 되어 판매량이 작을 때보다 판매량이 많을 때 수익률이 증가하게 된다. 쿠폰 발행을 통해 판매량이 증가할 것을 기대하게 되는데, 쿠폰 제공 형태에 따라 비용과 이익이 다르지만 판매량의 증가 추이도 다르므로 할인에 대한 판매량의 예측을 정확히 하여 가장 수익률이 높은 쿠폰 제공 형태를 선택해야 한다.

3) 쿠폰의 목표와 이용 방법

쿠폰의 목표는 경제적 이득에 있다. 쿠폰의 이점은 다음과 같다.

① 점심이나 저녁의 특정 시간 비즈니스에 활력을 준다.
② 특정 메뉴의 매출volume을 증가시킨다.
③ 필요로 하는 전체 매출의 증가를 일으킨다.

④ 결과적으로 비즈니스를 활성화한다. 매니저는 쿠폰 프로모션을 추적하고, 판매량을 모니터링하여 쿠폰의 수와 쿠폰에서 발생한 특별 구매를 분석한다.

과거에는 쿠폰을 우편 발송 방법으로 이용했으나 현재는 인터넷 홈페이지나 SNS를 통한 발송 방법으로 바뀌고 있다. 쿠폰 발행 목적에 따라 일반 대중을 상대로 하는 경우와 개별 고객을 상대로 하는 경우로 나누어지게 된다.

개별적으로 쿠폰을 발행하게 되면 다음과 같은 이점이 있다.

① 고객에게 명확하게 긍정적 제안을 하게 된다.
② 프로모션하는 상품이나 서비스에 대해 확실하게 서술한다.
③ 쿠폰이 사용되는 조건을 한정 지워 줌으로써 과도한 쿠폰 발행 비용을 줄일 수 있다.

그림 7-6 레스토랑의 쿠폰 예시

4. 스페셜티 메뉴와 시그너처 메뉴

레스토랑의 성공과 좋은 메뉴의 평가는 그 레스토랑의 스페셜티 메뉴와 시그너처 메뉴에 달려 있다.

- 스페셜티 메뉴specialty item : 메뉴상에 없는 메뉴 아이템으로 계절적인 아이템 또는 재고상 문제가 있는 아이템 등을 정규적 또는 비정규적으로 제공하는 메

뉴 아이템으로 수익률이 높다.

- 시그너처 메뉴signature item : 동일 계열의 경쟁 레스토랑에 항상 제공되는 아이템을 조리방식이나 제공방식 또는 프레젠테이션 방법 등을 달리해서 제공하는 아이템으로, 시그너처 메뉴의 성공이 레스토랑 수익에 직결된다.

  시그너처 메뉴는 경쟁사 메뉴보다 특이하고 독특하며 더 나은 아이템을 개발하도록 한다. 시그너처 메뉴로 개발하기 쉬운 품목은 에피타이저, 수프, 빵 또는 디저트 등이다.

시그너처 · 스페셜티 메뉴는 집에서 쉽게 구할 수 없고, 쉽게 준비하지 못하는 메뉴로 고객에게 식사 시 특별한 경험을 주게 된다. 이런 메뉴 아이템은 메뉴판에서 대문자 사용, 굵은 글씨, 박스 사용, 별 표시 또는 다른 색깔로 구분하도록 한다. 하지만 모든 메뉴 아이템에 이런 표시를 하게 되면 아무것도 중요하게 여겨지지 않는

그림 7-7 부채살스테이크와 이탈리안수육

출처 : 백미주반

그림 7-8 메이슨자샐러드(Mason Jar Salad)와 블루치즈버거

출처 : 어반나이프테번

Know 4

시그너처 메뉴 아이템의 마케팅 예

셰프가 시그너처 메뉴로 쇠고기요리(beef dish)를 만들어 새 메뉴판 작성 시 별표를 옆에 붙이고, 하단에 별표의 설명(주방장 특선 메뉴)을 적어 인쇄하게 하였다. 그런데 메뉴판 인쇄 중 실수로 별표가 빠지게 되면서, 셰프는 별표 대신 문구점에서 금별 스티커를 구입해서 쇠고기요리(beef dish) 옆에 붙였다. 고객들이 금별 스티커를 보고 무엇을 의미하냐고 질문하게 되자, 서버가 쇠고기요리에 대해 자세히 설명해 주었고 쇠고기요리에 대한 판매량이 급증했다. 메뉴판을 새로 인쇄할 때 원래의 의도대로 금별 스티커 대신 별표를 사용했더니, 판매량이 급격히 감소하여 다시 금별 스티커를 구입해서 붙이게 되었다.

다. 시그너처 메뉴는 그 지역의 향토음식이 될 수도 있는데, 대부분의 시그너처 메뉴는 조리 방법과 서비스가 전통적으로 만들어진 기본 음식이다.

메뉴가 특별해서 인기가 많아지면, 다른 레스토랑도 이를 보고 모방하게 된다. 시그너처 메뉴를 만드는 방법은 고객에게 아주 뛰어난 기억을 주는 긍정적인 음식으로 첫째, 음식의 품질이 뛰어나야 하고, 둘째, 식사 환경, 특별한 서비스로 이미지가 뛰어나야 하며, 셋째, 메뉴의 이름이 독특해야 한다.

Know 5

시그너처 메뉴를 만들기 위한 고려사항

- 재료들이 1년 내내 품질을 유지하고 필요한 양의 공급이 가능한가?
- 음식을 만들고 서브할 인력이 충분한가?
- 고객에게 팔아서 이익을 남기는가?(수익성 여부)
- 음식의 품질이 뛰어난가?
- 식사 환경, 특별한 서비스로 인해 독특한 식사 경험을 줄 수 있는가?
- 메뉴의 이름이 독특한가?

5. 음식의 트렌드

외식산업계는 빠르게 변화하고, 트렌드도 비교적 빨리 변화하는데 고객의 필요와 수요 또한 빠르게 변화하기 때문이다. 고객의 필요와 수요 예측의 전제조건은 '정확성'으로 메뉴 개발자는 추세trend와 유행fad 사이의 차이를 파악하고 것이 아주 중요하다.

유행은 짧은 시간에 나타나고 사라지고 판매 감소 시 빨리 철수시킨다. 반면, 트렌드는 시간이 오래 걸리고 메뉴의 일부가 된다.

농림축산식품부와 한국농수산식품유통공사aT에서는 매년 외식 트렌드 조사보고서를 발간하고 있는데 이런 공공기관에서 발간하는 보고서는 여러 데이터를 기반으로 작성된 내용으로 객관적인 트렌드를 파악할 수 있어 메뉴마케팅 전략을 시대에 알맞게 대응하고 지속가능성을 도모할 수 있도록 돕는다.

2017년 키워드였던 '나홀로 열풍'은 2021년 '홀로만찬'으로 이어져 유행이 아닌 트렌드로 오랫동안 영향을 주고 있는 것을 확인할 수 있다. 2019년은 비대면 서비스

2021	2020	2019	2018	2017
홀로만찬	Buy me-For me	비대면 서비스화	가심비	나홀로 열풍
진화하는 그린슈머	멀티스트리밍 소비	편도족의 확산	빅블러 (Big Blur)	반(半)외식의 다양화
취향소비	편리미엄 외식	뉴트로 감성	반(半)외식의 확산	패스트 프리미엄
안심푸드테크	그린오션		한식 단품의 진화	모던한식의 리부팅
동네상권의 재발견				

그림 7-9 2017~2021 외식 트렌드 흐름

출처 : aT 한국농수산식품유통공사 국내외 외식 트렌드 조사보고서

화, 편도족의 확산, 뉴트로 감성이 트렌드로 꼽혔고, 2020년은 그린오션, Buy me-For me, 멀티스트리밍 소비, 편리미언 외식의 키워드가 선정되었다. 2021년 국내·외 외식 트렌드 보고서에 제시된 키워드를 분석하여 앞으로 수년간 지속할 메뉴 전략을 알아보고자 한다.

1) 국내 트렌드

(1) 홀로만찬

1인가구의 증가와 팬데믹Covid-19의 영향, 새로운 MZ세대들의 성향이 접목되어 혼밥도 즐겁고 맛있게 먹는 문화가 일상화되면서 '홈스토랑 - Home Restaurant'과 HMRhome meal Replacement이 발전한 밀키트Meal Kit, 호텔 및 유명 레스토랑의 음식을 집에서 먹을 수 있게 나온 RMRRestaurant meal replacement 등이 등장하게 되었다.

혼자 외식을 하더라도 인스타그램과 같은 SNS를 활용하여 공유하고 상황을 즐기려는 소비성향이 부각되어 공급자적인 측면에서는 1인 테이블, 메뉴의 양, 음식의 담음새, 메뉴의 종류, 이에 따른 주방 시스템 등 여러 측면에서 다양한 변화가 일어나고 있다. 더 이상 혼밥은 쓸쓸한 밥상이 아닌 SNS에 '잘 차린 한 끼'를 공유하는 등 외식 트렌드로 주목받고 있다.

그림 7-10 피자헛의 1인용 피자
출처 : 피자헛 인스타그램

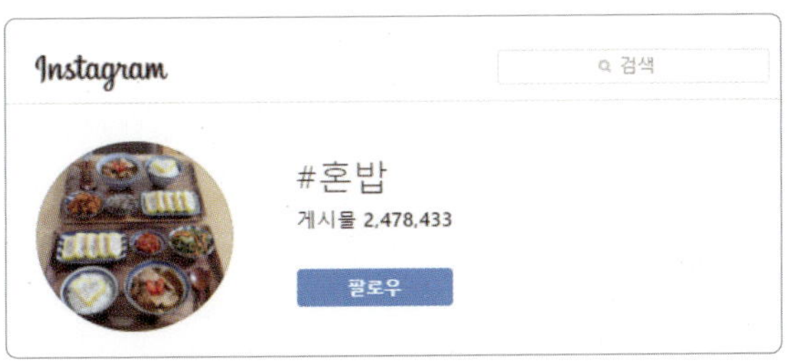

그림 7-11 인스타그램 혼밥 검색 결과
출처 : 인스타그램

Know 6

MZ세대

MZ세대란 1980~1995년생을 의미하는 밀레니얼 세대와 1996~2000년 초반 사이 출생한 Z세대를 통칭하는 의미를 갖고 있다.

MZ세대는 집단보다는 개인의 행복을, 소유보다는 공유(렌털이나 중고시장 이용)를, 상품보다는 경험을 중시하는 소비 특징을 보이며, 단순히 물건을 구매하는 데에서 그치지 않고 사회적 가치나 특별한 메세지를 담은 물건을 구매함으로써 자신의 신념을 표출하는 '미닝아웃' 소비를 하기도 한다. 또한 이들 세대는 미래보다는 현재를, 가격보다는 취향을 중시하는 성향을 가진 이들이 많아 '플렉스' 문화와 명품 소비가 여느 세대보다 익숙하다는 특징도 있다.

출처 : 네이버 지식백과, MZ세대(시사상식사전, pmg 지식엔진연구소)

(2) 그린슈머

그린슈머Greensumer는 그린Green과 소비자Consumer의 합성어로 지구 환경 보호에 기여하려는 소비성향과 과거부터 건강 관련 트렌드로 자리 잡은 웰빙Well-being · 로하스LOHAS가 접목된 현상 중 하나이다. 육류 생산에서 발생하는 막대한 온실가스를 고려해 육식 위주의 식생활보다 채식 위주의 식단으로 바꿔 탄소 배출

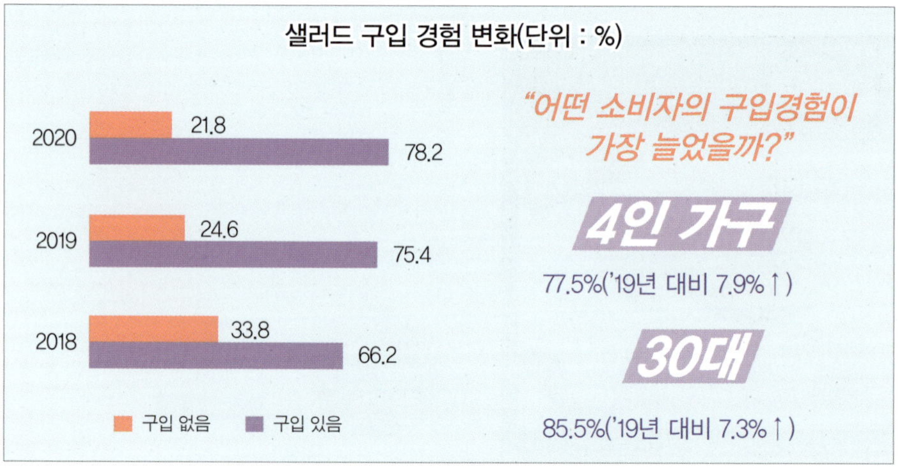

그림 7-12 2018-2020 샐러드 구입 경험

출처 : 한국농촌경제연구원, 가공식품소비자태도조사

량을 줄여 환경과 건강을 동시에 추구하려는 특징을 보인다. 이런 소비자들은 친환경, 유기농, 로컬푸드 식재료를 선호하며, 채식 메뉴를 선호하는 등 건강을 강조하는 문화가 자리 잡고 있다. 메뉴 개발자는 채식주의자 유형에 맞춘 다양한 메뉴를 구비하는 것은 물론 음식물쓰레기가 남지 않는 음식Zero-Waste Food까지 고려해야 한다.

Know 7

채식주의자 유형

유형	과일 · 곡식	채소	유제품	달걀	어패류	가금류	육류
비건	○	○	×	×	×	×	×
락토	○	○	○	×	×	×	×
오보	○	○	×	○	×	×	×
락토오보	○	○	○	○	×	×	×
페스코	○	○	○	○	○	×	×
폴로	○	○	○	○	○	○	×
플렉시테리언	평소에는 비건이며, 상황에 따라 육식						

출처 : 네이버 지식백과, 채식주의자(시사상식사전, pmg 지식엔진연구소)

(3) 취향소비

취향소비는 MZ세대들의 대표적인 소비 특징으로 이색적인 경험을 추구하고 최신 트렌드에 민감함에서 이어지는 소비이다. 2019년 통계청 자료에 따르면 기업 구성원의 약 60%가 MZ세대로 비즈니스와 소비의 중추적 역할을 하고 있다. 이들은 소비력은 높지 않으나 자신이 원하는 소비에 대해서는 아낌없이 돈을 투자하는 특징을 보이고 있다. 또한 SNS를 생활화 하고 있기에 업로드를 통한 자연스러운 바이럴마케팅까지 이어져 업체 입장에서는 홍보비용을 줄일 수 있는 장점도 갖고 있다.

그림 7-14 BTS와 맥도날드의 컬래버레이션
출처 : 맥도날드 유튜브 공식계정

그림 7-14 인스타그래머블 예시
출처 : https://www.tastetomorrow.com/

외식시장에서도 이들에 맞춘 메뉴 전략이 소비 트렌드로 주목받고 있는데 같은 음식도 색다르게 즐길 수 있는 방법을 제시하거나 다양한 커스터마이징 메뉴를 선보이는 것이 대표적인 예시이다. 이 밖에도 '인스타그래머블Instagrammable'과 같은 신종어가 만들어진 것 처럼 SNS에 업로드할 만한 요소를 제시한 메뉴, 최근 인기를 끌고 있는 구독경제정액제를 활용한 외식 메뉴도 하나의 예시가 될 수 있다.

Know 8

바이럴 마케팅과 인스타그래머블 용어 설명

바이럴 마케팅

바이럴 마케팅(viral marketing)은 네티즌들이 이메일이나 다른 전파 가능한 매체를 통해 자발적으로 어떤 기업이나 기업의 제품을 홍보할 수 있도록 제작하여 널리 퍼지는 마케팅 기법으로, 컴퓨터 바이러스처럼 확산된다고 해서 이러한 이름이 붙었다

[네이버 지식백과] 바이럴마케팅(시사경제용어사전, 2017. 11., 기획재정부)

인스타그래머블(Instagrammable)

'인스타그램에 올릴 만한'이라는 뜻의 조어다. 인스타그래머블이 젊은 층의 새로운 소비 기준이 되면서 외식, 여행, 쇼핑, 전시 등 다양한 업계에서도 이를 마케팅의 중요 키워드로 삼고 있다.

출처 : 네이버 지식백과. 인스타그래머블(시사상식사전, pmg 지식엔진연구소)

Know 9

구독경제란?

구독서비스의 형태에는 여러 가지가 있다. 렌털, 멤버십, 정액제, 정기배송 등이 그것이다. 넷플릭스, 멜론, 네이버 플러스 멤버십, 쿠팡 정기 배송 등이 대표적인 구독 서비스다. 최근에는 양말, 화장품, 전통주, 반찬, 와인 구독 서비스까지 등장하면서 그 범위가 넓어지고 있다.

외식분야에서도 구독 서비스 론칭이 이어지고 있다. 신세계백화점은 자사 베이커리 브랜드인 메나쥬리에서 '베이커리 월 정액 모델' 서비스를 버거킹도 햄버거 구독 서비스를 선보였다.

출처 : 2020 국내외 외식트렌드 조사보고서 중 발췌

(4) 안심푸드테크(푸드테크 + 위생 안전)

팬데믹Covid-19으로 인해 소비자들은 안전과 위생에 민감해져 외식을 소비하는 방식도 대면보다 비대면을 선호하기 시작했다. 이에 키오스크, 사전 주문 앱, 배달로봇 등 다양한 푸드테크가 도입되기 시작했으며 위생적인 환경을 만들기 위한 기술력이 추가되어 외식에 접목되어 '안심 + 푸드테크'로 성장하게 되었다.

2020년 외식소비행태조사를 보면 과거에는 외식업 선택 요소 순위가 '맛', '서비스', '위치 접근성' 순에서 2020년 이후로 '위치 접근성'과 '안심'의 순위가 바뀐 것만 보아도 소비자들이 외식 시 안전·위생을 상당 부분 고려한다는 것을 알 수 있다.

최근 외식업체에서는 비대면 활성화를 위한 서빙 로봇을 활용하는 곳이 많아지고 있으며 대학 내 캠퍼스에서는 로봇이 음식 배달을 해주는 시스템도 활성화되고 있다. 물론 사람의 역할을 완벽하게 구현하지는 못하지만 항상 인건비를 고려해야

그림 7-15 홀서빙 로봇 '딜리'- 메리고키친

출처 : 2020 국내외 외식트렌드 보고서

그림 7-16 키오스크 주문 사례

출처 : 2020 국내외 외식트렌드 보고서

하는 외식업에서는 원가인건비를 절약해 메뉴의 차별성재료비 등 다른 곳에 투자한다면 큰 경쟁력을 가질 수 있어 향후 활용도가 높아질 것으로 판단된다.

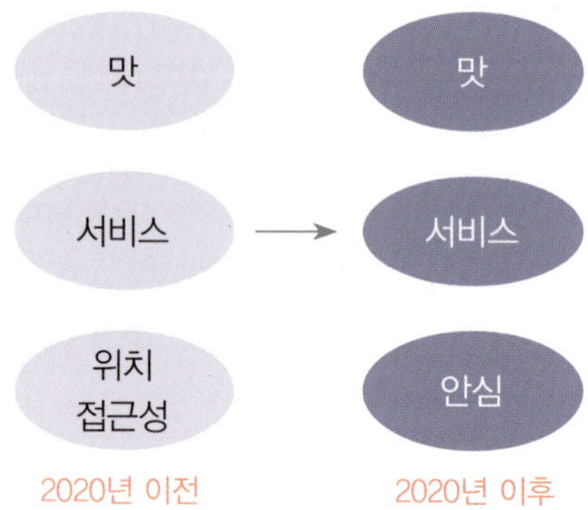

그림 7-17 외식업 선택요소의 변화

출처 : 2020 외식소비행태조사

(5) 동네상권 재발견

팬데믹Covid-19 이전 소비자들의 관심 중 하나는 '미세먼지'였다. 외부활동에 대하여 부담스러움에 '스타필드'와 같은 복합문화공간을 소비자들이 선호하기 시작했고 장시간 실내에 머물며 놀이, 음식, 쇼핑 등 원스톱 라이프스타일을 즐겼다. 하지만 팬데믹Covid-19 이후로 사람이 많은 곳을 기피하면서 가족, 친구, 연인 등과 심리

음식 배달 서비스 이용 빈도 증가 이유

	전체	증감 ('21~'20)	성별		연령대			
			남성	여성	20대	30대	40대	50대
(Base)	(971)		(444)	(527)	(252)	(260)	(253)	(206)
외부 환경요인으로 외출이 꺼려져서 (미세먼지, 코로나 등)	73.4	+17.1	70.0	76.3	61.9	73.8	81.4	77.2
음식을 해먹기 귀찮아서	58.5	−8.8	51.8	64.1	61.9	57.7	58.9	54.9
배달시킬 수 있는 메뉴가 다양해져서	52.2	−0.1	48.6	55.2	54.8	51.9	51.4	50.5
배달 서비스가 익숙해져서	43.5	−1.7	43.5	43.5	53.2	51.5	34.0	33.0
시간을 아낄 수 있어서	28.4	−4.6	31.8	25.6	31.7	28.1	22.1	32.5
아이를 데리고 나가기 힘들어서	16.7	−3.0	16.7	16.7	4.0	25.4	28.1	7.3

[Base: 배달 서비스 이용빈도 증가자, N=971, 복수응답, %]
* 주황색 음영: 전체 평균 대비 +3%p 이상인 데이터

그림 7-18 음식배달 서비스 이용 빈도 증가 이유

출처 : 오픈서베이(opensurvey) 배달서비스 트렌드 리포트(2021.5)

적 안심이 큰 장소에서 소비를 하기 시작하면서 '동네상권'이 부상하였다. 모임 자제, 재택근무, 비대면 교육, 재난지원금 등 많은 요소로 생활반경이 집 주변으로 좁아져 배달과 같은 동네상권의 외식 소비도 함께 증가하게 되었다.

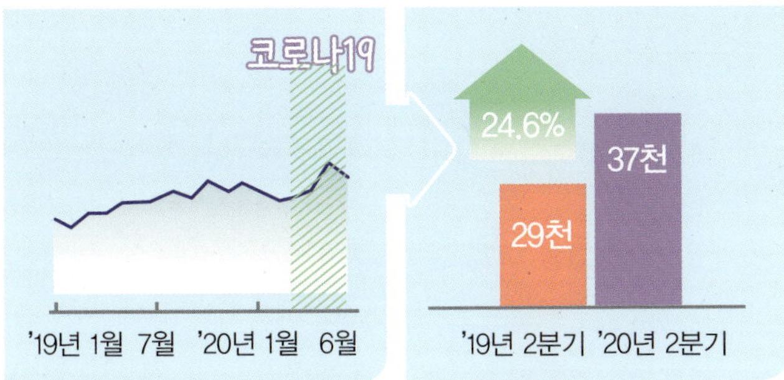

그림 7-19 동네상권의 외식소비 변화(신한카드 기준)

출처 : 신한카드 트렌디스(https://www.shinhancard.com/pconts/html/benefit/trendis/)

2) 국외 트렌드

글로벌 외식시장도 팬데믹Covid-19으로 인해 국내와 비슷한 트렌드 양상을 보였다. 대부분 환경과 건강을 고려한 소비, 비대면 선호로 인한 배달시장의 증대, 공유주방을 활용한 배달전문점, 위생과 안전을 고려한 푸드테크 등 대부분 예상보다 더 빠르게 변화되고 있다.

(1) 푸드테크

많은 레스토랑은 기계가 사람을 대신해 자동화로 변화하고 있으며 사전주문 앱, 키오스크, 조리로봇, 서빙로봇, 배달로봇, 재고확인 드론 등 푸드테크의 발달로 소비자의 비대면 선호하는 양상을 국내와 동일하게 보였다. 특히 미국의 레스토랑은 자동화시스템에 대한 소비자의 요구도 증가 및 인건비 등 비용 감소 측면으로 운영의 효율성 증대로 로봇의 역할이 더욱 확대될 것으로 전망된다.

그림 7-20 햄버거 자동화 기계(미국)

출처 : https://www.creator.rest/

그림 7-21 식재료 주방 전달로봇(중국), 서빙로봇 'pepper'(일본)

출처 : 식품외식경제 홈페이지; https://pepperparlor.com/en/about/

(2) 친환경 및 지속가능성

친환경적 요소는 미국, 중국, 대만, 베트남 다양한 국가에서 대체육비욘드 미트의 시장이 커지고 있으며, 채식주의, 로컬 식재료의 활용과 친환경 · 유기농 식품의 시장으로도 확산되고 있다. 한국의 그린슈머 소비성향과 같이 세계적으로도 1회용품의 사용을 꺼려하고, 건강과 면역에 관련된 메뉴에 소비자의 관심이 높아지고 있다. 특히 미국은 대체육 시장이 커지고 있고, 대만은 종교적인 이유로 채식하는 경우가 많아 채식주의자들을 위한 식문화의 비중이 크고 채식인구도 인구의 13%를 차지하여 세계 2위 수준이며, 중국은 음식 잔반 남기지 않기 캠페인 등을 통해 Zero Waste 운동을 하고 있다.

그림 7-22 채식주의자를 위한 대체육 버거와 건강을 생각한 유기농 고구마 시럽

출처 : 비욘드미트(https://www.beyondmeat.com); https://www.dvashorganics.com/

그림 7-23 베트남 채식전문 레스토랑과 대만 채식전문 레스토랑

출처 : http://uudamchay.com/; https://www.oohchacha.com/press

(3) 배달문화 확산 및 공유주방

배달문화 · 공유주방은 도시화 · 모바일인터넷 발달과 팬데믹Covid-19으로 인하여 크게 성장한 산업으로 언택트 시대에 진입하며 규모가 빠르게 증가하고 있다. 소비자들의 폭발적인 니즈needs로 새로운 배달플랫폼 서비스 및 공유주방 기업이 생겨났고 기존 배달을 하지 않던 레스토랑과 연계해 비즈니스의 규모도 점차 성장하고 있다. 이에 외식기업들은 배달에 특화된 메뉴를 개발하거나 오프라인 매장을 운영하지 않고 공유주방에서 조리를 하여 딜리버리 사이트나 애플리케이션을 통한 판매만 하는 곳도 생겨나고 있다. 공유주방의 운영은 유동인구가 적은 곳에서도 운영이 가능하기에 비교적 월 고정지출이 적고 고객들을 위한 인테리어를 할 필요가 없어 많은 업체가 생겨나고 있고 사용하는 입장에서도 이용료와 수수료 만으로도 개업이 가능하기에 선호하고 있는 추세이다.

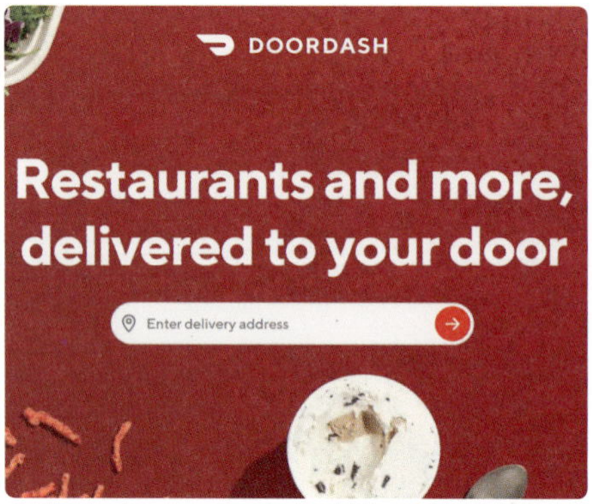

그림 7-24 미국 배달 점유율 1위 도어대시, 베트남에 진출한 배달의민족

출처 : 도어대시 홈페이지(doordash.com); 배달의민족 베트남 홈페이지(baemin.vn)

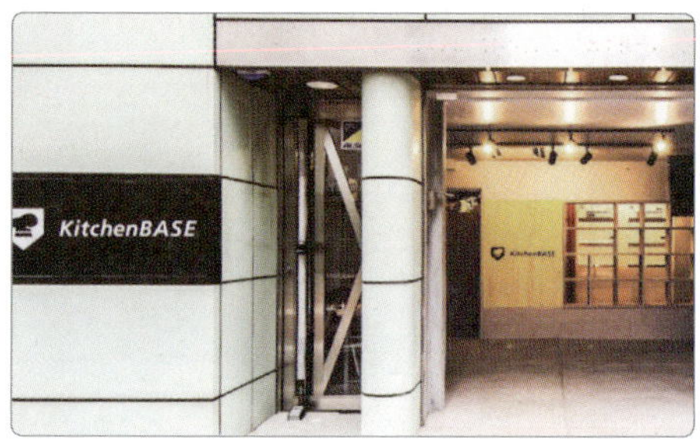

그림 7-25 일본의 공유주방 키친베이스

Know 10

NRA(National Restaurant Association)가 제시한 미국 분야별 트렌드 순위

대분류	중분류	소분류
새 메뉴 아이템	건강식 (Healthy bowls)	식물성 단백질(버거, 치킨, 해산물, 달걀)
		키즈메뉴
		제로 웨이스트 음식(Zero waste)
		에스닉 아침식사(Ethnic breakfast dishes)
풍미 (Flavors)	맵단 (Sweet heat)	고추
		기능성 버섯
		일본식 감칠맛(나또, 타마리, 타레 등)(natto, tamari, tare, etc.)
		콩류(병아리콩, 렌틸콩 등)
곡류/파스타/대체	채소국수/쌀	완두콩 국수(Edamame noodles)
		렌틸(Lentils)
		파로(Farro)
		메밀 국수(Soba)

대분류	중분류	소분류
농산물	버섯	새로운 라베(New rabes beyond broccoli rabe (turnip rabe, collard rabe, arugula rabe, etc.))
		카울리니(Caulilini)
		새싹채소
		케일 하이브리드(칼렛, 롤리팝 케일 등) (Kale hybrids (kalettes, lollipop kale, etc.)
단백질	식물성 단백질	스페셜티 버거 블랜드(버섯 비프 버거)(Specialty burger blends (mushroom-beef burgers, etc.))
		독특한 소고기와 포크 컷(Unique beef and pork cuts)
		아시안 포크(Pan-Asian pork)
		아티잔 후무스(Artisan hummus)
소스/조미료	일본식 타마리간장	고추를 재료로 한 북아프리카 튀니지의 소스 하리사(Harissa)
		중국식 칠리 고추기름(Chinese chile crisp)
		중동의 향신료 믹스 자타르(Za'atar)
		인도 요거트 라이타(Indian raita)
디저트	CBD(칸나비디올 성분) 스낵/스위츠	술맛 디저트(Boozy treats)
		유제품 프리 아이스크림
		마시는 디저트
		허브 기반의 디저트
글로벌 에스닉 퀴진	인도네시아, 말레이시아, 필리핀 싱가포르 등	남미
		아메리카 지역
		중국의 지역
		인도
알코올음료	새로운 스타일 클래식 칵테일	알코올 탄산수(Alcoholic seltzers)
		아페롤 탄산수 등 다양한 탄산수(Aperol spritz/other spritzes)
		다양한 메즈칼(소똘, 러칠러 등)(Mezcal varieties (sotol, raicilla, etc.))
		아시안 주류(바이주, 소주, 사케 등)(Asian spirits (baijiu, soju, shochu, etc.))
무알코올음료	콤부차	아구아 프레스카(Agua frescas) (과일, 곡물, 꽃, 씨앗을 원료로 하는 무알코올 음료)
		과일과 채소 우유
		귀리 우유
		보바 앤 버블티(Boba and bubble teas)
요리혁신	가공이 적은 식재료를 이용하는 스크래치메이드(Scratchmade)	스트레스 해소음식(스트레스 완화 식재료)
		CBD(칸나비디올)음식 & 음료
		라이프스타일 다이어트(케토, 팔레오, 플렉시테리안)(keto, paleo, flexitarian etc.)
		인스타그래머블 페어(Instagrammable fare)
가상공간 (Off-Premises)	친환경 패키징	창조적인 케이터링(Creativity with catering)
		딜리버리에 편리한 메뉴 아이템
		패키징 업그레이드
		레스토랑 요리 키트

출처 : NRA(National Restaurant Association) What's hot 2020 culinary forecast & 한국농수산식품유통공사–2020 국내 · 외 외식 트렌드 조사 보고서

6. 레스토랑의 고객

방문 목적에 따른 레스토랑은 잇 아웃eat-out과 다인 아웃dine-our 레스토랑으로 나눌 수 있다. 고객이 레스토랑에서 외식하는 목적은 레스토랑의 종류, 위치, 식사 시간대 등에 따라 달라진다. 보통 주중의 점심시간 사무실 근처의 레스토랑은 가정에서의 식사 대용으로 빠른 시간 안에 일정한 식사 예산 안에서 메뉴를 제공한다. 고객들은 일정한 예산 안에서 식사해야 하므로 가격에 민감하며 배고픔을 채우기 위한 목적이 주가 되는 경우를 잇 아웃 레스토랑이라 한다. 백반집, 분식점 또는 패스트푸드 레스토랑은 전형적인 잇 아웃 레스토랑이다.

반면, 교외에 있는 고급 레스토랑은 주로 저녁 시간이나 주말 저녁에 특별한 날을 기념하기 위한 고객들이 찾게 되는데, 이때에는 시간이나 가격에 크게 민감하지 않아 고객들은 차를 타고 멀리까지 갈 의향이 있으며 높은 가격을 지불할 의사가 있다. 고객들이 특별한 날을 기념하거나 문화생활의 하나로 외식을 하게 되는 경우 찾는 레스토랑을 다인 아웃 레스토랑이라 한다. 주로 고급 한정식 또는 전형적인 프렌치 레스토랑이 다인 아웃 레스토랑의 예이다.

이 둘의 개념을 함께 가진 레스토랑은 패밀리 레스토랑이라 할 수 있다. 같은 레스토랑이라도 주중 점심시간에는 식사 해결을 위한 잇 아웃 고객을 위해 낮은 가격대의 점심 식사용 메뉴를 제공하고 저녁이나 주말에는 좀 더 높은 가격대의 다인 아웃 고객을 겨냥하는 메뉴를 제공하여 넓은 고객층을 통해 수익을 높이는 전략을 세우고 있다. 현재에는 많은 레스토랑이 같은 메뉴라도 시간대에 따라 가격에 차등을 두어 받는 경우가 있는데, 이는 수율관리yield management 차원에서 이루어지는 것으로 저녁 시간대에는 같은 음식이라도 배고픔의 해결이라기보다는 문화생활의 개념으로 받아들여지기 때문에 더 높은 가격을 지불할 의사가 있는 고객의 수요가 많아 이러한 가격 책정이 가능하다.

고객이 레스토랑을 이용하는 목적에 따라 고객의 이동 거리, 시간 소비, 예산 등이 달라지므로 레스토랑의 입장에서는 자신의 레스토랑이 어떤 목적으로 이용되는 레스토랑인지에 대한 명확한 인지가 필요하다. 명확한 인지하에 고객의 요구에 맞

Know 11

잇 아웃(eat out)

패스트푸드나 샌드위치를 먹는다.

다인 아웃(dine out)

고급 레스토랑에서 식사한다.

는 메뉴 아이템과 서비스를 제공할 때 고객들은 지불한 가격에 만족하게 되고 재방문하게 되는 것이다. 밀러Miller에 의하면 NRA의 1994년 조사에서 패스트푸드 레스토랑에서 고객들이 중요하게 여기는 가치는 깨끗한 식사 공간, 정확하게 들어간 주문order, 일정한 음식의 질, 정확한 거스름돈, 빠른 서비스 순으로 조사되었다. 중간 정도 가격의 레스토랑은 깨끗한 식사 공간, 음식의 질, 신선한 재료, 친절한 직원, 서비스 시간 엄수 순이었고, 고급 레스토랑은 깨끗한 식사 공간, 음식의 질, 신선한 재료, 서비스 시간 엄수, 편안한 분위기 순으로 고객들이 중요하게 여기는 가치로 조사되었다.

이처럼 외식의 목적에 따라 고객이 가치를 두는 요소들이 다르므로 고객들은 식사 후에 자신의 외식 목적에 맞는 가치에 따라 레스토랑의 서비스를 평가하게 되는 것이다. 특별히 잇 아웃과 다인 아웃 두 가지 모두의 목적을 가진 레스토랑의 경우에는 시간대별로 방문하는 고객의 목적이 다르므로 방문 고객들의 프로파일을 정확히 파악한 후 시간대별 주 고객층에 맞춘 메뉴와 서비스를 제공하여 가격 대비 만족도를 높임으로써 지속적인 재방문을 통한 수익을 창출할 수 있다.

Know 12

마케팅 방법

1. SWOT 분석

기업의 내 · 외부적인 환경을 분석, 내부적 환경인 강점(strengths)과 약점(weaknesses), 그리고 외부적 환경인 기회(opportunities)와 위협(threats) 요인들을 파악하여 그에 맞는 전략을 세우는 것을 SWOT 분석이라 한다.

SWOT 분석 내용은 다음과 같다.

내부적 환경	**S (강점)** • 시장선도자 • 경영능력 • 원가 우위 • 기술 우위 • 튼튼한 재정 • 구매자의 선호도 • 브랜드 파워	**W (약점)** • 경쟁적 지위의 하락 • 경영능력의 결여 • 열등한 기술 • 열등한 연구 개발 투자 • 열등한 품질 • 평균 이하의 수익성 • 낙후된 시설
외부적 환경	**O (기회)** • 새로운 시장 생성 • 시장 성장의 가속화 • 관련 제품으로의 다각화 • 보완 제품의 추가	**T (위협)** • 새로운 경쟁자의 진입 • 대체품의 시장 성장 가속화 • 느린 시장 성장 • 고객 또는 공급자의 교섭력 증대 • 경기 후퇴 • 인구통계 구조의 변화 • 법의 강화 또는 불리한 법의 제정

SWOT 분석의 내용

출처 : 고재용 · 하진영 · 오선영(2010). 사례로 배우는 마케팅. p. 113을 참고하여 저자 재작성

실제적인 환경은 내부적 환경과 외부적 환경의 조합에 의해 이루어지므로 각각의 SWOT 분석이 이루어지면 조합된 두 환경에 대처하는 마케팅 전략이 수립된다.

SWOT 분석의 전략 방향

내부적 환경	외부적 환경	전략 방향
강점(strength)	기회(opportunity)	S–O 전략 : 시장 선점을 위한 강점 활용 • 확대 전략 • 시장과 제품의 다각화 전략

내부적 환경	외부적 환경	전략 방향
강점(strength)	위협(threat)	S-T 전략 : 시장의 위협을 회피하기 위한 강점 활용 • 안정적 성장 전략 • 내부 역량 강화 • 시장 침투 전략
약점(weakness)	기회(opportunity)	W-O 전략 : 약점 극복을 통한 시장기회 활용 • 전략적 제휴 • 벤치마킹 • 기술 제휴
	위협(threat)	W-T 전략 : 시장의 위협을 피하고 약점을 최소화하는 전략 • 시장에서의 철수 • 합작투자

출처 : 성기협 등(2010). 메뉴관리론, pp. 154~155 ; 고재용 · 하진영 · 오선영(2010). 사례로 배우는 마케팅, p. 112를 참고하여 저자 재구성

2. ABC 분석

이탈리아 경제학자였던 파레토가 주장하여 일명 파레토 분석(Pareto analysis)이라고 한다. 20 : 80 법칙이라고도 하는데, 인구의 20%가 국가의 80%의 부를 가지고 있고, 80%의 인구가 나머지 20%의 부를 가지는 현상을 일컫는다. 이 현상은 사회의 여러 다양한 현상에도 동일하게 적용된다.

회사의 20% 인원이 회사 수익의 80%에 공헌한다든지, 백화점 매출의 80%는 상위 20%의 고객이 창출한다는 것이다. 메뉴에 있어서는 상위 20%의 메뉴가 80%의 수익을 낸다는 데에서 파레토 법칙이 메뉴 분석에도 적용된다.

분석 과정은 다음과 같다.

- 일정 기간 동안 판매된 각 메뉴 아이템의 수 및 매출액을 계산한다.
- 매출액이 높은 순으로 각 메뉴 아이템을 배열한다.
- 전체 메뉴 아이템의 매출총액을 합산한다.
- 각 메뉴 아이템의 매출액을 매출 총액으로 나누어 전체에서 차지하는 비율(%)을 계산한다.
- 매출액이 높은 순으로 매출액 비율의 누계를 내어 75~80%까지를 A, 85~90% 범위까지를 B, 100%까지를 C로 분류하여 전략을 세운다.

위의 기준으로 메뉴 아이템의 ABC 분석의 예는 다음과 같다.

메뉴 아이템의 ABC 분석

메뉴 아이템	매출액 (만 원)	총매출액 대비 비율(%) (소수점 둘째 자리에서 반올림)	누적매출액 비율(%)	분석	기준
메뉴 3	150	25.0	25.0	A	75~80%
메뉴 8	120	20.0	45.0		
메뉴 5	100	16.7	61.7		
메뉴 2	80	13.3	75.0		
메뉴 9	60	10.0	85.0	B	85~90%
메뉴 1	40	6.7	91.7	C	~100%
메뉴 4	30	5.0	96.7		
메뉴 6	10	1.7	98.4		
메뉴 7	10	1.7	100.1		
합계	600	100.1 (반올림하지 않으면 100이 나옴)			

위의 분석을 통해 고객들이 선호하는 메뉴 아이템들이 무엇인지를 파악하고 그 메뉴 아이템에 대한 마케팅 전략 수립을 통해 인기를 유지하도록 한다.

3. 수율관리

수율관리(yield management)는 수입관리(revenue management)라고도 하는데, 한정된 수용능력에 대하여 수요가 저조한 시간대에 판매를 증가시키기 위해 또는 바쁜 시간대에 몰린 수요을 한가한 시간대로 이동시키기 위해 가격 차별화를 산발적이지만 임시방편으로 실행하는 것을 말한다. 이 방법은 비행사에서 처음 시작했는데, 1~2달 전 항공권을 구입할 경우는 100만원, 일주일 전에 항공권을 구입한 경우에는 200만 원을 받는 경우이다. 이때 가격에 따라 좌석의 배치가 달라질 수 있다. 이렇게 구입시간에 따라 가격을 달리 받으면 총 수입이 증가한다. 레스토랑에서도 이 방법을 사용하는데, 3~5시에 오는 손님들에게 똑같은 음식을 30% 할인해 주는 방법이 여기에 해당된다.

작은 시골마을에 내과의사가 이사를 왔는데, 그는 부자와 가난한 사람들에게 각자의 지불의욕에 따라 다르게 진료비를 받았다. 비록 부자는 그 의사의 계산법을 잘 알고 있다 하더라도 오히려 의사가 그 마을에 있다는 사실만으로 위안을 얻었다. 만약 의사가 부자나 가난한 사람이나 똑같은 진료비를 받으면 그 수입으로는 그 작은 시골마을에서 생활할 수 없어 의사는 떠나게 된다. 따라서 가격차별화는 더 비싼 요금을 지불하더라도 고객의 필요를 채울 수 있으므로 유익할 수 있다.

출처 : Robert E. Weigand(1999). pp. 55~64

CHAPTER

08

메뉴판 평가

1. 메뉴판 평가의 이해 | 2. 고객의 평가 | 3. 메뉴판의 평가 | 4. 메뉴판 평가의 실제

CHAPTER

08

학습목표

1. 구성된 메뉴판을 평가할 수 있다.
2. 레스토랑의 콘셉트, 메뉴 구성, 메뉴판의 제시된 형태 등에 따른 다양한 메뉴판에 대해 평가표를 이용해 평가하고, 개선점을 제시할 수 있다.

1. 메뉴판 평가의 이해

음식을 생산하는 주방과 고객을 연결하는 도구인 메뉴는 판매 도구로서 중요한 역할을 수행하고 있다.

메뉴 평가는 고객의 수준 고려, 메뉴의 종류, 활자 크기 및 메뉴판의 공간 활용에 따른 가독성, 중점 판매 전략이 부여된 메뉴의 표기 위치 등이 제대로 표기되었는지를 평가한다. 또한 메뉴 선택의 다양성 확보를 위한 적정한 메뉴의 수, 가격 그리고 명칭, 등급, 원산지, 무게, 소스 등을 포함한 재료에 대한 설명 및 세금 등의 표기도 제대로 되었는지를 평가한다.

메뉴 평가는 메뉴판의 디자인 및 재질의 내구성과 고객이 쉽게 메뉴를 선택할 수 있는가를 평가하고, 작성된 메뉴판이 고객 만족도를 높여, 더 많은 메뉴가 판매되어 레스토랑의 적절한 이윤을 추구할 수 있도록 하는 것을 말한다.

고객 수준을 고려한 메뉴는 어린이 고객을 위해 만화를 활용한 메뉴, 음식의 전문성이 없는 고객을 위한 음식사진 및 삽화 등이 삽입되어 쉽게 이해할 수 있는 메뉴, 음식에 대해 관심이 많은 고객을 위해 식재료, 조리법, 곁들임 등이 활자체로 작성되어 있는 메뉴 등을 들 수 있다. 각 메뉴는 대상 고객이 쉽게 메뉴를 이해하고 선택할 수 있어야 한다.

메뉴판을 만들 때 의욕이 앞서 여러 종류의 음식과 개수를 너무 늘리면 책처럼 두꺼워져 고객의 선택에 시간이 많이 소요되고, 메뉴의 수가 너무 적으면 고객은 선택할 기회를 놓칠 수 있다. 그리고 1년 단위로 사용하는 메뉴all year round menu는 계절감이 떨어질 수 있으므로 계절 메뉴를 적절하게 추가해 주는 것이 필요하다.

메뉴 평가의 기준은 다음과 같다.

- 메뉴 중에서 주 재료와 곁들임 재료가 중복된 것은 없는가?
- 메뉴에 재료의 원산지, 등급, 품질, 양, 영양 등이 표시되었는가?
- 메뉴에 제공되는 재료는 지속적으로 구입이 가능하며 충분한 공급이 가능한가?
- 메뉴 중에서 주 요리와 곁들임 요리 조리법이 중복된 것은 없는가?
- 메뉴 중에서 조리하는 데 시간 소요가 많은 품목은 안내되어 있는가?

- 고객을 감안한 건강식 메뉴는 포함되어 있는가?
- 메뉴에는 음식의 추세food trend와 유행food fad이 반영되었는가?
- 시그너처 메뉴signature menu는 포함되었는가?
- 가격이 비싼 메뉴와 저렴한 메뉴가 적절히 잘 혼합되어 표기되어 있는가?
- 메뉴판에는 고객이 부담해야 할 모든 가격이 표기되었는가? 세금tax, 서비스료service charge, 특별세special tax 등.
- 메뉴판에 표기된 가격을 변경하기 위하여 스티커로 덧붙이지 않았는가?
- 메뉴판의 소재, 색상, 디자인이 레스토랑의 콘셉트concept 및 고급화 정도를 반영하여 제작되었는가?
- 메뉴판은 고객의 메뉴 판독 능력을 고려하여 작성되었는가?
- 메뉴판의 글자 크기, 글자 간 거리, 줄 간 거리는 읽기에 편리한가?
- 메뉴판의 두께를 감안하여 후식 메뉴와 오늘의 요리 메뉴는 분리하였는가?
- 메뉴의 수는 고객 선택의 다양성을 감안하였는가?

2. 고객의 평가

메뉴와 양 목표가 확정되면, 음식의 시제품을 생산하여 그 메뉴의 특징, 외관 등의 평가서를 작성하고, 관계된 부서와 충분한 협의 및 검토를 한 후 교육을 통하여 관계 직원의 업무 처리 능력을 향상시킨다. 그 결과를 자체 평가를 통해 1차 검증한 후 초청 고객 대상으로 초청 고객 시식회dry run를 통한 평가의 결과를 보완하여 새로운 메뉴를 고객에게 판매한다.

비용을 지불하는 고객에게 설문지 작성을 요구하는 것은 고객에 대한 배려 차원에서 적절하지 않고 또한 설문지 작성 요구에 응하는 고객도 거의 없는 실정이므로 영업장에서 설문을 받기는 어렵다. 따라서 전문성이 있는 고객을 초청하여 무료로 식사를 제공하고 종합적인 평가를 받는 것이 좋다.

레스토랑에서는 의견을 적극적으로 표현하는 경우에만 불만 요소를 알 수 있고

Know 1

새로운 메뉴 평가를 위한 점검표

1. 메뉴판

- 고객의 수준을 고려한 메뉴 표기인가?
- 메뉴는 고객이 쉽게 이해할 수 있는가?
- 메뉴의 선택성은 충분한가?

2. 콘셉트를 고려한 인테리어, 분위기, 시설적 측면

- 인테리어, 분위기, 시설이 훌륭한가?
- 인테리어, 분위기, 시설이 개선점이 있는가?

3. 서버

- 서버가 메뉴에 대해 얼마나 알고 있는가?
- 서버가 메뉴의 설명을 충분히 했는가?
- 서버가 업셀링을 잘 했는가?
- 서버에 대한 평가와 개선점은 무엇인가?

4. 음식 평가

- 선택한 메뉴의 명칭이 적절한가?
- 선택한 메뉴의 품질이 훌륭한가?
- 메뉴의 주문에서 음식 제공까지의 소요 시간은 적정한가?
- 가격 대비 음식, 서비스, 분위기의 만족도는 어떠한가?
- 음식에 대한 개선점이 있는가?

5. 기타 개선할 사항

이때 사후 처리를 통해 불만에 대해 대처할 수 있다. 그러나 대부분의 고객은 식사에 대한 불만을 느끼고 있어도 의사표현을 하지 않고 불만족한 경험으로 인해 재방문하지 않는 결과를 가져와 레스토랑은 고객을 잃을 수도 있다. 따라서 영업장에서는 메뉴에 대한 전문성이 있는 고객을 초청하여 설문 평가를 통해 고객의 의견을 충분히 파악하여 사전에 불만족을 없애는 것이 필요하다.

3. 메뉴판의 평가

메뉴판을 평가하는 것은 메뉴 계획, 디자인, 메뉴 배열, 활자의 크기, 고객의 메뉴 판독성, 마케팅, 독창성 등이 변수가 된다. 메뉴 디자인은 색상, 외형, 가독성 등이 중요하다.

메뉴판을 평가하는 사항은 다음과 같다.

- 메뉴 배열은 전채요리, 수프, 주 요리, 후식 등으로 구분하여 고객이 쉽게 구별하여 찾을 수 있도록 배열되어 있는가?
- 각 메뉴의 여백을 고려하여 고객이 쉽게 메뉴를 구분하고 주문할 수 있도록 되어 있는가?
- 메뉴의 활자는 고객이 쉽게 읽을 수 있으며, 주된 설명과 부가 설명을 하고 있는가?
- 고객의 메뉴 판독성에 있어 조리법, 주 재료, 소스, 특별한 채소 및 곁들임, 주 재료의 원산지, 무게, 재료의 품질 등급 등과 관련된 내용이 표기되어 있는가?
- 같은 군의 메뉴에서 가격이 혼합되어 표기되어 있는가?전채요리에서 메뉴의 가격이 내림차순으로 정리되어 있으면 비싼 가격의 메뉴를 잘 보지 않는다
- 고객이 특별한 선택을 할 수 있도록 특선 메뉴, 시그너처 메뉴 등이 운영되고 있는가?
- 그 업소만의 메뉴 디자인, 색상, 재질 등이 독창적으로 잘 표현되어 있는가?

4. 메뉴판 평가의 실제

1) 외국 영부인을 위한 행사 메뉴

그림 8-1과 같이 한식을 잘 모르는 외국인을 대상으로 작성한 메뉴로, 좌측에

그림 8-1 그랜드 워커힐호텔 한식당 온달행사 메뉴(테이블 매트)

는 제공되는 음식의 사진을 삽입하고 우측에는 한글과 영문 표기가 되어 있어 고객이 쉽게 이해할 수 있는 장점이 있다. 테이블 매트로 활용하여 고객에게 메뉴 설명을 효과적으로 할 수 있다.

2) 일품요리 메뉴 : 이탈리아 레스토랑

그림 8-2~8-7의 메뉴판은 이탈리아 레스토랑의 전체 메뉴로 전채요리starter, 샐러드salad, 파스타pasta, 생선요리fish, 육류요리meat, 디저트dessert로 구분 작성되어 쉽게 찾을 수 있다. 메뉴 표기법에 따라 조리법, 스테이크의 등급과 무게, 소스와 곁들여지는 전분 음식이 바르게 표기되어 있다.

STARTER

RATATUILLE SOUP
Tomato, Zucchini, Eggplant, Carrot, Celery, Green Beans, Onion,Bell pepper with Pasta and Basil Pesto
다양한 계절 채소, 바질 페스토와 파스타를 곁들인 라따뚜이 스프
11,000

COZZE
Mussel Stew with Cherry Tomato, Black Pepper and White Wine
블랙 페퍼와 화이트 와인의 그윽함을 담은 홍합 스튜
13,000

BEEF CARPACCIO
Beef Tenderloin 'Carpaccio' Topped with Rucola Salad with Cheese sauce
루꼴라 샐러드와 호두, 치즈 소스를 곁들인 신선한 한우1등급 소고기 카르파치오
22,000

SFOGLIATELLE
Codfish Puree Stuffed Filo Pastry with Bell Pepper, Caper, Olive with Anchovy Sweet and Sour Sauce
이탈리아 캄파냐 지방 스타일의 상큼한 소스를 곁들여 대구살 퓨레로 속을 채운 얇고 부드러운 페스트리
15,000

MILLE FOGLIE
Layered and Baked with Extra olive oil Marinade Egg plant, Zucchini , Bell pepper, Tomato , Pecorino Cheese , Feta Cheese and Basil Pesto
올리브오일에 절인 가지, 호박, 피망, 토마토, 페코리노 치즈를 쌓아 올려 오븐에 구워 페타치즈, 바질 페스토를 가미한 담백한 전채 요리
15,000

ANGUILLA
Parmigiano Coated Eel Deep-fried with Tomato Concasse and Lemon Dressing dressing
레몬 드레싱에 얇게 썬 토마토를 곁들인 파마산 치즈를 입힌 바삭한 장어 튀김
15,000

PALLINE AL FORMAGGIO
Fried Ball of Parmesan and Provolone Cheeses Served Atop Porcini and Assorted Mushrooms in a Romanesco Sauce
로마네스크 소스와 포르치니 버섯의 풍미를 살린 파마산, 프로볼로네 치즈볼 튀김
11,000

ANTIPASTO MISTO
Chef's Special Antipasto of the Day Plate
신선한 재료를 사용하여 다양하게 제공되는 쉐프 추천 모듬 전채
33,000

HAM PLATE
Assorted Ham Plate with Gnocco
튀긴 수제 생면 파스타를 곁들인 이탈리안 모듬 햄
S20,000 / L30,000

JAMON PLATE
Sliced Jamon Iberico with Gnocco and Olives
튀긴 수제 생면 파스타를 곁들인 스페인산 프리미엄 이베리코 하몽 플레이트
23,000

CHEESE PLATE
Assorted Italian Cheese with Home Made Marmalade, Nuts and Bread
수제 마멀레이드, 견과류와 빵이 곁들여진 엄선한 이탈리안 모듬 치즈
S20,000 / L30,000

- SIGNATURE DISH - NUTS

If any member of your party has a food allergy or a particular dietary requirement, details must be given in writing. 10% VAT will be charged.

그림 8–2 이탈리아 레스토랑의 전채요리(STARTER) 메뉴의 예

SALAD

TODAY'S SALAD
Chef's Special Salad of the Day
셰프 추천 오늘의 샐러드
15,000

CHICKEN SALAD
Sliced Tomatoes, Chicken Breast Confit and Chopped Leeks with Olive Oil
신선한 슬라이스 토마토와 올리브 오일에 절인 다진 대파로 맛을 내어 저온조리된 닭가슴살 샐러드
13,000

CAESAR SALAD
Wedge Romain Lettuce with Proscuitto Cotto Ham, Grissini and Creamy Caesar Dressing
프로슈토 꼬또햄과 프로슈토로 감싼 그리시니를 곁들인 시저 드레싱의 통 로메인 레터스
14,000

SMOKED DUCK & RUCOLA SALAD
Smoked Duck, Rucola, Pink Grapefruit, Cranberries and Crispy Bacon
Topped with Raspberry Vinaigrette
루꼴라, 자몽, 크랜베리와 바삭한 베이컨을 곁들인 상큼한 라즈베리 식초 소스의 훈제 오리 샐러드
15,000

"BETWEEN" CAPRESE
Assorted Varieties of Tomatoes, Olives, and Vegetables
Served with Buffalo Mozzarella
다양한 토마토, 올리브, 채소와 버펄로 모짜렐라 치즈를 곁들인 신선한 카프레제 샐러드
15,000

- SIGNATURE DISH - NUTS

등심	호주산	소갈비	호주산	도미,광어,대구,농어- 국내산	
안심	국내산 육우 1A	양고기	호주산	연어	노르웨이산
안심	한우 1등급 1+,2+	오리	국내산	돼지고기	국내산(제주산)
닭고기	국내산	쌀	국내산		

If any member of your party has a food allergy or a particular dietary requirement. details must be given in writing. 10% VAT will be charged.

그림 8-3 이탈리아 레스토랑의 샐러드(SALAD) 메뉴의 예

MEAT

TODAY'S MEAT
쉐프 추천 오늘의 육류
32,000

FILETTO DI POLLO
Baked Chicken Tenderloin with a Porcini Cream Sauce, Served with Tomato Risotto
구운 토마토 리조또를 곁들인 포르치니 버섯 크림소스의 부드러운 닭 안심 구이
24,000

AGNELLO
Brasied Lamb Shank with Mashed Potatoes, Goat Cheese, Vegetables and Pomegranate Vinegar Sauce
구운 야채와 염소치즈 그리고 부드러운 으깬 감자를 곁들인 상큼한 석류 홍초 소스의 양다리 구이
35,000

FILLETO DI MANZO
Korean Beef Cattle 1^{++} / Hanwoo Yang pyung Gaegun 1^{+} / Hanwoo Chungbuk Urungchan 1^{++}
육우 1A / 한우 양평 개군 1^{+}/ 한우 충북 우렁찬 1^{++}
Choice of Beef (200G) Served with Roasted Marrow Bone Seasonal Vegetable and Port Wine Sauce
포트 와인 소스를 곁들인 쇠고기 안심 스테이크(200g, 원산지 선택)와 구운 사골과 계절 야채

39,000 / 49,000 / 63,000

CONTRO FILLETTO
Australian Ribeye (250G) with Roasted Peppers, Garlic, and Cherry Tomatoes, Served with a Port Wine Sauce
오븐에 구운 매콤한 피망과 마늘, 체리토마토를 곁들인 포트와인 소스의 최상급 호주산 립아이 (250G / 곡물 200일) 스테이크
37,000

ANATRA
Duck Breast with Orange Sauce, Served with Potato, Fig, and Marinade Apple
오렌지 주스에 절인 사과,무화과 감자를 곁들인 오렌지 글레이즈 소스의 구운 오리 가슴살
26,000

COSTOLA
Slow Cooked Ribs, Served with Mashed Potatoes and a Lemon-Scented "Peperonata"
부드러운 으깬 감자와 피망이 곁들여진 향긋한 레몬향의 저온조리된 부드러운 소갈비
37,000

- SIGNATURE DISH   - NUTS

If any member of your party has a food allergy or a particular dietary requirement. details must be given in writing. 10% VAT will be charged.

그림 8-4 이탈리아 레스토랑의 육류요리(MEAT) 메뉴의 예

FISH

TODAY'S FISH
쉐프 추천 오늘의 생선
25,000

GRIGLIA FRUTTI DI MARE & VERDURE
Grilled Seafood and Vegetables with Sicilian Orange Flavored Pesto Dressing
오렌지향의 시칠리안 페스토 소스를 곁들여 그릴에 구운 해물과 신선한 채소
25,000

MERLUZZO
Codfish with Paprika, Capers, Basil, and Peppers Served over Grilled Polenta
그릴에 구운 폴렌타와 파프리카, 케이퍼, 고추를 곁들인 담백한 대구 스테이크
26,000

ROMBO
Prosciutto-Wrapped Halibut Steak with Sweet Potato, Kalamata Olives, Capers, Tomato and Aioli Sauce
고구마, 깔라마따 올리브, 케이퍼, 토마토를 곁들여 프로슈토 햄으로 감싼 아이올리 소스의 광어 스테이크
28,000

SALMON
Salmon with Stewed Mushrooms, Scented with Oregano then Baked In a Flaky Pastry,
Served with a Broccoli Soufflé and Champagne Sauce
부드러운 브로콜리 수플레와 향긋한 오레가노 향을 가미한 버섯과 빵으로 감싸 구운 샴페인 소스의 연어 스테이크
28,000

AL CARTOCCIO
"Cartoccio" of Seasonal Fish ,Clams and Vegetables Baked in a Paper Bag with Lemon and Herbs
페이퍼 백에 레몬과 모시조개 ,야채를 함께 넣어 오븐에 구운 담백한 계절 생선 구이
30,000

- SIGNATURE DISH - NUTS

If any member of your party has a food allergy or a particular dietary requirement. details must be given in writing. 10% VAT will be charged.

그림 8-5 이탈리아 레스토랑의 생선요리(FISH) 메뉴의 예

PASTA

TODAY'S PASTA
쉐프 추천 오늘의 파스타
15,000

TODAY'S RISOTTO
쉐프 추천 오늘의 리조또
18,000

PENNE ALLA PUTTANESCA
Penne with Green, Kalamata, & Black Olives, Capers, Anchovies, and Peppers in a Tomato Sauce, Served with Rucola Salad
다양한 올리브, 케이퍼, 엔쵸비, 루꼴라를 곁들인 신선하고 매콤한 토마토 소스의 펜네
17,000

SPAGHETTI AGLIO E OLIO ALLA PESCATORE
Spaghetti in a Garlic Oil Sauce of Octopus, Calamari, Shrimp, Peppers, and Sun-dried Tomatoes Served over Parsley Pesto
신선한 계절 해산물, 건토마토, 페페로치노, 마늘 오일과 파슬리 페스토를 곁들인 스파게티
19,000

MALTAGLIATI AL RAGU DI AGNELLO
Homemade Herb Pasta in a Lamb Ragout Scented with Lemon and Parsley
부드러운 양고기 라구에 향긋한 레몬과 허브가 가미된 말타리아티 수제 생면 파스타
19,000

TAGLIOLINI AL RAGU` DI MAIALE
Homemade Spinach Pasta with a Ragout of Jeju Island Pork and Porcini Mushrooms
부드러운 제주산 돼지 고기 라구에 야채, 카카오, 포르치니 버섯으로 맛을 낸 시금치 딸리올리니 수제 생면 파스타
19.000

GNOCCHI DI PATATE DOLCI
Sweet Potato Gnocchi in a Gorgonzola Sauce with Walnuts
고르곤 졸라 치즈 크림 소스에 호두를 곁들인 호박 고구마의 부드러운 뇨끼
20,000

SPAGHETTI ALLE VONGOLE
Spaghetti with Fresh Clams, Peppers and Bread Crumbs in an Olive Oil Sauce
신선한 조개와 빵가루를 곁들인 매콤한 올리브 오일 소스의 담백한 스파게티
15,000

LASAGNA ALLA BOLOGNESE
Traditional Lasagna of Homemade Pasta Layered with Bolognese and Béchamel Sauces
담백한 수제 볼로네제 소스와 베샤멜 소스를 곁들인 수제생면의 BETWEEN 라자냐
19,000

SPAGHETTI AI FUNGHI
Spaghetti with Mushrooms, Bacon and Parmesan Fondue
각종 버섯과 베이컨의 풍미가 진하게 어우러진 파마산 치즈 크림 스파게티
17,000

TALGLIOLINI AL NERO DI SEPPIA
Homemade Squid Ink Pasta with Shrimp, Scallops, and Asparagus in an Olive Sauce
새우, 관자, 아스파라거스를 곁들여 담백한 맛을 살린 올리브 오일의 오징어 먹물 딸리올리니 수제 생면 파스타
19,000

SPAGHETTI AL GRANCCHIO
Spaghetti with Crab Meat and Seasonal Seafood in an Oyster Cream Sauce
부드러운 킹크랩과 신선한 계절 해물의 진한 맛이 어우러진 굴크림 소스 스파게티
22,000

- SIGNATURE DISH - NUTS

If any member of your party has a food allergy or a particular dietary requirement. details must be given in writing. 10% VAT will be charged.

그림 8-6 이탈리아 레스토랑의 파스타(PASTA) 메뉴의 예

DESSERT

TODAY'S SPECIAL DESSERT
Pâtissier's Specialty of the Day
파티쉐 추천 오늘의 디저트
8,000

BLUEBERRY PANNA COTTA
Vanilla Panna Cotta With a Blueberry Sauce
블루베리 소스를 곁들인 바닐라 향의 블루베리 판나코타
8,000

VULCANO
Black and White Chocolate Cake with a Molten Hazelnut-Flavored Crème Anglaise Core
화이트, 블랙 초콜릿에 헤이즐넛으로 맛을낸 잉글레제 소스의 따뜻한 초콜릿 케익
10,000

APPLE CRUMBLE
Apple Tart Covered in Crumbled Pastry and Served with Vanilla Ice Cream
바닐라 아이스크림과 바삭한 크럼블을 올려 풍성함을 더한 따뜻한 애플 타르트
10,000

PINEAPPLE STRUDEL
Puff Pastry Filled with Pineapple, Chocolate chips, and Custard; Served with a Caramel Sauce and Vanilla Ice Cream
바닐라 아이스크림과 건살구, 파인애플, 커스타드 크림, 초코칩으로 속을 채운 달콤한 카라멜 소스를 곁들인 따뜻한 페스트리 바닐라
9,000

CHOCOLATE CREPES
Ricotta, Banana, and Custard Filled Chocolate Crepes Served With Grappa Ice Cream and Crème Inglaise
그라파 아이스크림과 리코타 치즈,바나나, 커스타드 크림으로 속을 채운 초콜릿 크레페
9,000

SEMI FREDDO
Crunchy Caramel, Walnut, and Vanilla Custard, Served with Crispy Almond Wafers
바삭한 카라멜 호두가 곁들여진 바닐라와 카라멜 소스의 차가운 무스 케익
8,000

CHEESE CAKE
Mascarpone Cheese Cake with Blueberry Sauce
블루베리 소스를 가미한 마스카포네 크림 치즈 케익
9,000

CRÈME BRULEE
Crème Brulee Topped with BETWEEN's Own Vanilla Ice Cream
수제바닐라 아이스크림을 얹은 크렘 블레
9,000

BEWTEEN HOUSE MADE GELATO
Assorted Gelato, Select 3 of the Following (Vanilla, Basil, Chocolate, Strawberry, Lemon Sorbet)
BETWEEN 수제 이탈리안 젤라또(바닐라,바질,초콜릿,딸기,레몬 소르베 중 세가지 선택)
9,000

BETWEEN COOKIES (Made in House)
BETWEEN 수제 쿠키
5 pcs /100g 3,000

- SIGNATURE DISH - NUTS

If any member of your party has a food allergy or a particular dietary requirement. details must be given in writing. 10% VAT will be charged.

그림 8–7 이탈리아 레스토랑의 디저트(DESSERT) 메뉴의 예

다음은 이탈리아 레스토랑에서 제공하는 메뉴에 대한 구체적인 설명이다.

Know 2

이탈리아 레스토랑에서 제공하는 메뉴의 예

1. Filleto di Manzo(안심스테이크)

Korean Beef Cattle 1^{++} / Hanwoo Yang Pyung Gaegun 1^{+} / Hanwoo Chungbuk Urungchan 1^{++} Choice of Beef (200g). Served with Roasted Marrow Bone, Seasonal Vegetables and Port Wine Sauce

- 재료의 원산지 : Korea(한국)
- 쇠고기 등급 : 육우 1^{++}, 한우양평 개군 1^{+}, 한우 충북 우렁찬 1^{++} 중에서 택일
- 스테이크의 무게 : 200g
- 곁들임 : Roasted Marrow Bone, Seasonal Vegetables(구운 사골, 계절 채소)
- 소스 : Port Wine Sauce(포토 와인 소스)

2. Costola(이탈리아 쇠고기갈비찜)

Slow Cooked Beef-Ribs. Served with Mashed Potatoes and a Lemon-Scented "Peperonata"

- 요리법 : Slow Cooked(저온조리)
- 재료 명칭 : Ribs(소갈비)
- 전분요리 : Mashed Potatoes(으깬 감자)
- 곁들임 : 레몬향의 피망요리

그리고 시그너처 음식signature dish은 메뉴판 하단에 SIGNATURE DISH라 인쇄되어 있고 해당 메뉴가 표기되어 있다. 부가세 관련된 부분도 포함되어 있다.

개선점으로는 메뉴판 첫째 페이지의 우측 중간 이하 부분의 공백은 메뉴의 수와 줄 간격을 늘려서 공간을 줄이는 것이 필요하다. 또한 메뉴판의 종이 재질이 광택이 있는 아트지를 사용함으로써 품질이 떨어진다. 메뉴판에 한글로 표기된 글자는 9포인트로 크기가 작고, 전채요리군은 11개의 메뉴가 파스타군은 12개의 메뉴가 표기되어 있어 메뉴 간의 간격이 좁아서 가독성이 떨어지는 단점이 있다.

메뉴의 가격 표기는 전채요리군, 샐러드군, 파스타군, 육류요리군, 디저트군 등

의 경우 혼합되어 표기되어 있으나, 생선요리군에서는 가격이 내림차순으로 표기되어 있어서 메뉴의 위치를 교환하여 표기하는 것이 좋을 것 같다.

시그너처 음식의 표시

- 샐러드군의 시저 샐러드(Caesar Salad)
- 파스타군의 스파게티 알레 봉골레(Spaghetti Alle Vongole), 라자냐 알라본(Lasagna Alla Bon)
- 생선요리군의 알 카르토초(Al Cartoccio)
- 디저트군의 불카노(Vulcano), 크림 브랄레(Creme Brulee)

Know 3

한우, 와규, 블랙앵거스, 국내산 쇠고기의 차이점

1. 한우(韓牛)

한우는 한국 소로, 누런 갈색으로 체질이 강하고 성질이 온순하며, 고기 맛이 좋다. 우리나라 재래종으로 농경, 운반 따위의 일에도 이용한다.

2. 와규(和牛, Wagyu)

와규는 일본 → 미국 → 호주에서 번식한 소로, 우리나라에서는 곡류로 350~540일간 비육한 호주산 와규가 많이 판매된다.

3. 블랙앵거스(Black Angus)

블랙앵거스는 영국 → 미국 → 호주에서 번식한 소로, 우리나라에서는 곡류로 180일간 비육한 미국산 블랙앵거스가 많이 판매된다.

4. 국내산 쇠고기

국내산 쇠고기는 국내에서 태어난 소(한우, 젖소, 육우)와 외국에서 송아지를 수입하여 6개월 이상 비육된 소를 부른다. 국내산은 품종이 아닌 원산지를 말하는 것이다.

쇠고기의 표시방법

구분		정의	원산지 표시 예
국내산	한우	우리나라 고유의 소 품종으로 갈색 소	소갈비(국내산 한우)
	젖소	송아지를 낳은 경험이 있는 젖소로 우유 생산을 주된 목적으로 사육된 소	

구분		정의	원산지 표시 예
국내산	육우	육용용, 교잡종, 젖소 수소 및 송아지를 낳은 경험이 없는 젖소로 고기 생산을 주된 목적으로 사육된 소	등심(국내산 육우)
		• 수입한 소를 국내에서 6개월 이상 사육한 후 국내산으로 유통하는 경우 • '국내산'으로 표기하되, 괄호 안에 쇠고기의 종류 및 수입국가명을 함께 표시	소갈비 국내산(육우, 호주산)
수입산	수입산	수입산의 경우에는 수입국가명을 표시	소갈비(미국산)

- 육우(肉牛) : 육용종(肉用種), 교잡종(交雜種), 젖소 수소, 송아지를 낳은 경험이 없는 젖소 암소를 말한다.
- 비육(肥育) : 고기를 생산하기 위하여 운동을 제한하거나 질이 좋은 사료(옥수수, 콩 등)를 주어 가축을 살이 찌게 기르는 것을 말한다.

출처 : 농산물품질관리법 시행규칙, 제24조의 3 별표 4의 5에 의한 '원산지 등의 표시방법'(농림수산식품부령 제105호 2009. 12. 17)

쇠고기 등급 표기

- 미주산 : Prime, Choice, Select, Standard, Commercial, Utility, Cutter, Canner
- 한우 : 1^{++}, 1^{+}, 1, 2, 3
- 호주산 : 1, 2, 3, 4, 5, 6

3) 일품요리 메뉴 : 캐주얼 레스토랑

다음은 캐주얼 레스토랑의 일품요리 메뉴이다.

차가운 음식

연어 그라브락스
비트와 소금으로 곱게 색을 입힌 생 연어 그라브락스와 호밀빵 16.5

사천 양요리
매콤한 사천 소스로 무친 소양과 돼지껍데기 테린, 향이 좋은 채소를 곁들인 냉채 15.5

살라미 & 살구아몬드치즈
익히지 않고 60일동안 훈연, 건조, 발효를 하여 맛을 극대화한 발효소시지와 싱그러운 치즈 13.5

당근 후무스
구운 당근과 병아리콩을 갈아 만든 지중해식 후무스와 각종 향신료로 바삭하게 튀겨낸 닭 껍질 요리 14.0

따듯한 음식

알프스 감자전
파마산치즈와 수란이 올라간 바삭한 감자전과 독일 전통 방식으로 만든 브랏 부어스트(소시지) 16.0

이탈리안 수육
이탈리아 고추와 마늘로 향을 낸 깔끔하고 깊은 맛의 수육. 따끈한 육수와 같이 제공 24.0

마라 감바스
매콤 쌉사름한 마라 소스로 볶아낸 새우 요리 22.0

부채살 찜 스테이크
레드와인속에 허브와 함께 소고기를 넣어 장시간 저온 조리한 스테이크 28.0

필리치즈 에그롤
얇게 자른 소고기와 치즈를 듬뿍 넣고 춘권피로 감싸 바삭하게 튀겨낸 메뉴 9.5

비어셰프 닭크네 수감자
안국동 총각 손봉균 비어셰프의 대표 메뉴. 케이준 닭 허벅지 살 구이와 수미 감자 19.5

파스타

화이트 라구
이탈리안 소시지와 닭고기를 오랜 시간 요리해 담백하고 깊은 맛의 파파델레 라구 파스타 20.0

버섯 크림
버섯과 허브를 장시간 우려내 깊은 땅의 맛을 낸 트러플 크림 갈레티 숏 파스타 18.0

오징어 올리오
올리브와 마늘, 화이트 와인으로 향을 내고 쫄깃한 오징어로 식감을 더한 스파게티니 파스타 17.0

곁들임

포프리 솥밥
주문 시 지은 밥에 치즈와 최고의 계란을 넣어 만든 간장 비빔밥 4.5

꽃빵
바삭하게 튀긴 중국식 꽃빵과 연유 4.0

매콤 감자칩
생 감자로 직접 만든 매콤한 감자칩과 그릴한 파 마요디핑 4.5

그림 8-8 백미주반 메뉴 1

COLD

SALMON GRAVLAX
Beet-Cured Salmon Gravlax with Wheat Bread 16.5

SICHUAN TRIPE
Sichuan-Style Beef Tripe with Pork Skin Terrine. 15.5

SALAMI & CHEESE
Traditional Italian Salami with Apricot/Almond Cheese. 13.5

ROASTED CARROT HUMMUS
Mediterranean-Style Hummus with Crispy Chicken Skin. 14.0

HOT

ALPES ROSTI
Swiss Potato Rosti with Bratwurst (German Sausage), Poached Egg and Parm Cheese. 16.0

ITALIAN SUYUK
Thin Sliced Pork Butt served with Warm Broth seasoned with Peperoncino and Garlic. 24.0

SICHUAN GAMBAS
Sautéed Shrimps with Sichuan Spiced Butter 22.0

TOP BLADE STEAK
12 hours Sous Vide Top Blade with Red Wine Reduction. 28.0

PHILLY CHEESE EGG ROLL
Philly Cheese Steak wrapped with Spring Roll Pastry. 9.5

CAJUN CHICKEN
Pan Roasted Cajun Marinated Chix Thigh with Potato. 19.5

PASTA

RAGU BIANCO
White Pork/Chix Ragu with Pappardelle 20.0

MUSHROOM CREAM PASTA
Truffle Cream Pasta with Galletti 18.0

SQUID E OLIO
EV Olive Oil Pasta with Squid, Garlic, and Olive 17.0

곁들임

EGG RICE
A la minute Steamed Rice with Fried Egg, Cheddar Cheese, Soy Sauce 4.5

CHINESE BREAD
Deep-fried Chinese Bread with Condensed Milk 4.0

HOT FRIES
Housed-made Potato Chip with Grilled Scallion Dipping 4.5

그림 8-9 백미주반 메뉴 2

그림 8-10 백미주반 메뉴 3

그림 8-11 백미주반 전경

4) 정식요리 메뉴

다음은 고급 양식당 정식요리 메뉴로 5~8개 코스로 구성되어 있다.

Chef Tasting Menu
net 120,000

Pan-seared Foie-gras, Sea Scallops with Aged Ginseng-balsamic
팬에서 구운 거위간, 관자구이와 인삼-발사믹 소스

***

Covered Traditional Lobster Bisque
바다가재 비스크

***

Sorbet of the Day
셔벳

***

Char-grilled Beef Tenderloin, Abalone Steak with Black Truffle Au-jus
송로버섯 소스를 곁들인 한우 안심구이와 마늘 향의 전복 스테이크

***

Caesar salad
시저 샐러드

***

Blue-berry Yogurt Ice-cream, Lemon Cream Cheese Cake
레몬 크림치즈 케이크, 블루베리 요거트 아이스크림

***

Coffee or tea
커피 또는 차

그림 8-12 고급 양식당 정식요리 메뉴 1

Chef Tasting Menu
net 120,000

캐비어와 트러플 소스를 곁들인 관자와 전복
Caviar on Avocado Complimented with Jumbo Scallop and Abalone
Drizzled with Truffle Vinaigrette

***

바다가재 수프
Lobster Bouillabaisse Infused with Basil and Coriander

***

버섯을 곁들인 양고기구이
Roasted Rack of Lamb on Mushrooms with Shiraz Wine Reduction

***

발로나 초콜릿 케이크과 위스키 아이스크림
Valrhona Chocolate Cake and Bourbon Ice Cream

***

커피 또는차
Coffee or Tea

그림 8-13 고급 양식당 정식요리 메뉴 2

Chef Tasting Menu
net 120,000

아보카도와 케비어케익
Luxurious Caviar Cake enriched with Ripen avocado and Truffle

***

전복구이와 라우데미오 오일
Pan-Fried Abalone with Laudemio Scent

***

한우안심구이와 메를로와인 소스
Grilled Beef Tenderloin with Merlot Wine Sauce

***

비터 스위트 초콜릿과 생과일
Dark Chocolate Bavarois, Fruit Mirror

***

커피 또는 차
Coffee or Tea

그림 8-14 고급 양식당 정식요리 메뉴 3

Gourmet Menu 1
net. ₩55,000

Leek and Potato Soup with Scallop and Truffle Oil
트러플 오일과 관자를 넣은 감자 스프

***

Beef Tenderloin with Oven-dried Tomato, Merlot Wine Sauce
멜롯 와인 소스를 곁들인 쇠고기 안심 스테이크

***

Green Salads with Seasonal Fruits, Aged Balsamic Dressing
숙성 발사믹 소스와 계절과일을 곁들인 샐러드

***

Soboro Italian Apple Cake with Pistachio Ice Cream
이탈리안 애플 케이크과 피스타치오 아이스 크림

***

Coffee or Tea
커피 또는 차

If you have any food allergies or special preferences, please advise our staff member

그림 8–15 고급 양식당 정식요리 메뉴 4

Table of Imperial
net. ₩100,000

Tanned French Foie-gras with Fig-citron Shower
무화과 유자청 소스를 곁들인 프랑스산 거위간

***

Lobster Bisque with Cognac Flavor
바다가재 크림 스프

***

Seared Wan-do Abalone with Coated Caviar
캐비아를 곁들인 완도산 전복구이

***

Sherbet of the Day
오늘의 셔벗

***

Caesar Salad
시저 샐러드

***

Pan-seared Beef Tenderloin, Slow Oven-dried Tomato with Black Truffle Au-jus
트러플 소스를 곁들인 한우 안심구이

***

Lemon Cream Cheese Cake with O-miza Honey Sauce
레몬 크림 치즈와 오미자 꿀 소스

***

Coffee or Tea
커피 또는 차

If you have any food allergies or special preferences, please advise our staff member

그림 8-16 고급 양식당 정식요리 메뉴 5

5) 혼합 메뉴

다음은 고급 양식당의 혼합 메뉴이다.

A Restaurant MENU

PROSCIUTTO (P)
Lime Mascarpone Mousse + Strawberry + Citrus Honey Dressing
프로슈토와 마스카포네 무스
Or

TRUFFLE VELOUTE (P)
Bacon Marmalade + Crispy Sausage + Shaved Cauliflower
송로버섯 벨루테와 베이컨 마멀레이드

***

CHICKEN (A)
Butternut Squash Puree + Spinach + Balsamic Soy Jus
저온 조리한 닭 다릿살과 발사믹 간장 소스

Or

SALMON (A)
Porcini Mushroom Puree + Jeju Yabby + Market Vegetables 38.5
바삭하게 구운 연어와 솔잎 버터소스

Or

PORK JOWL (P)
Roasted Garlic Puree + Kimchi & Red Onion Marmalade + Chili & Ginger Jus 37.0
돼지 항정살과 흙마늘 퓨레

***

SOUS VIDE BEEF RIB EYE (A)
Caramelized Cipollini + Spicy Deodeok + Forest Mushroom Ragout 48.5
저온 조리한 꽃등심과 매콤한 더덕

Additional charge of 10,000 won for rib eye steak.
10,000원을 추가하시면 꽃등심 스테이크가 제공 됩니다.

***

COFFEE or LAB XXIV TEAS
커피와 차 그리고 프티포가 서브됩니다

(P) Pork (V) Vegetarian (A) Alcohol (S) Shellfish (N) Nuts
All Taxes Included
2013년 개정된 식품위생법 시행 규칙에 따라 모든 메뉴는 부가세가 포함된 금액입니다

그림 8-17 혼합 메뉴의 예

표 8-1 메뉴판 평가지

평가기준			점수	평가 내용
디자인 및 메뉴 배치				
1	메뉴판의 소재, 색상, 디자인이 레스토랑의 콘셉트(concept) 및 고급화 정도를 반영하여 제작되었는가?			
2	메뉴판의 글자체는 적당한가?			
3	메뉴판의 글자 크기는 읽기에 편리한가?			
4	메뉴판의 글자 간 거리는 읽기에 편리한가?			
5	메뉴판의 줄간 거리는 읽기에 편리한가?			
6	메뉴판의 색깔과 글자 색깔은 가독성을 고려하여 작성되었는가?			
메뉴 카피				
1	헤딩	헤딩이 적절한 위치에 표현되었다.		
2		메뉴 이름이 적절하게 표현되었다.		
3	서술적인 카피	메뉴에 재료의 원산지, 등급, 품질, 양, 영양 등이 표시되었는가?		
4		메뉴 배열은 전채요리, 수프, 주 요리, 후식 등으로 구분하여 고객이 쉽게 구별하여 찾을 수 있도록 배열되어 있는가?		
5		고객의 메뉴 판독성에 있어 조리법, 주 재료, 소스, 특별한 채소 및 곁들임, 주재료의 원산지, 무게, 재료의 품질 등급 등과 관련된 내용이 표기되어 있는가?		
6		메뉴판에는 고객이 부담해야 할 모든 가격이 표기되었는가?(tax, servicecharge, specialtaxetc)		
7		메뉴 중에서 조리하는 데 시간 소요가 많은 품목은 안내되어 있는가?		
8	서플멘털 머천다이징 카피	레스토랑 정보(상호, 로고, 레스토랑 철학, 전화번호, 홈페이지, 영업시간, 주차방법 등)가 정확히 기입되었는가?		
메뉴 구성 및 표기				
1	고객을 감안한 건강식 메뉴는 포함되어 있는가?			
2	메뉴에는 음식의 추세(foodtrend)와 유행(foodfad)이 반영되었는가?			
3	가격이 비싼 메뉴와 저렴한 메뉴가 적절히 잘 혼합되어 표기되어 있는가?			
4	같은 군의 메뉴에서 가격이 혼합되어 표기되어 있는가?			
5	메뉴판의 두께를 감안하여 후식 메뉴와 오늘의 요리 메뉴는 분리하였는가?			
6	메뉴의 수는 고객 선택의 다양성을 감안하였는가?			
7	메뉴에 제공되는 재료는 지속적으로 구입이 가능하며 충분한 공급이 가능한가?			
8	메뉴 중에서 주 요리와 곁들임요리 조리법이 중복된 것은 없는가?			
9	시그너처 메뉴(signaturemenu)는 포함되었는가?			
10	눈의 움직임을 고려하여 메뉴판에 메뉴를 구성하였는가?			
총점				

점수 : 5. 매우 그렇다/4. 그렇다/3. 보통이다/2. 그렇지 않다/1. 매우 그렇지 않다.

참고문헌

단행본

강성부(2004). **계량적 메뉴관리 방법론**. 효일.

고재용 · 하진영 · 오선영(2010). **사례로 배우는 마케팅**. 파워북.

김기영 · 함형만 · 엄영호 · 김이수(2006). **메뉴경영관리론**. 현학사.

김윤태(2006). **호텔 · 외식산업 메뉴관리론**. 대왕사.

김희기 · 김현덕 · 안성근 외(2010). **메뉴관리론**. 교문사.

나정기(2004). **메뉴관리의 이해**. 백산출판사.

성기협 · 박헌진 · 채경연 · 최미경 · 최우승(2010). **메뉴관리론**. 교문사.

양일선 · 이소정 · 김현아 · 이해영 · 정라나(2010). **식품구매**. 교문사.

이정자(2001). **메뉴관리**. 기문사.

이혜숙 · 우인애 · 조현숙(2008). **F&B 식음료경영론**. 교문사.

정경 · 김경임(2010). **실무 종사자를 위한 메뉴관리 기획**. 파워북.

정용주(2011). **외식마케팅**. 백산.

조용범 · 강병남(2007). **신메뉴관리론**. 대왕사.

조춘봉 · 김선희(2016). **외식 메뉴경영**. 대왕사.

진양호 · 강종헌(2003). **메뉴관리론**. 지구문화사.

진양호 · 강종헌(2009). **원가관리론**. 지구문화사.

최영준 · 박헌진 · 정진우(2006). **메뉴관리론**. 대왕사.

한경수 · 채인숙 · 김경환(2011). **외식경영학**. 교문사.

Beran B.(1995). Menu sales mix analysis revisited: An economic approach. *Hospitality Research Journal, 18*(3) : 125−142 Prentice Hall. New Jersey, pp. 103−113.

Drysdale, John A. & Aldrich, Jennifer(2002). *A profitable menu planning*. Prentice Hall.

Jack E. Miller & David V.(1996). Pavesic. *Menu pricing & strategy*. Jonh Wiley & Sons, INC.

Khan, Mahmood A.(1991). *Concepts of foodservice operations and management*. 2nd ed. VNR. NY. pp. 40−62.

Kotschevar, L. H.(1987). *Management by Menu*(2nd ed.). John Wiley & Son, Inc., New York, NY.

Merricks P. & Jones P.(1988). *The management of foodservice operations*. Cassell. London. 1995. pp. 204−215.

S. N. Loman & J. W. Sons(2001). *Marketing by menu*(3th.). Wiley.

Scanlon Nancy Loman.(1999). *Marketing by Menu*(3rd ed.). John Wiley&Sons, INC. NY. pp. 72–77.

Sharon Tyler Herbst(2001). *Food lover's companion*(3rd ed.). Barron's Cooking Guide.

논문 및 보고서

김태희 · 이은정 · 황제연(2007), 유인효과에 따른 레스토랑 번들메뉴의 고객 지불의지에 미치는 영향. **외식경영연구, 9**(4), 51–62.

이봉식 · 신서영 · 최미경(2006), 활동기준원가와 메뉴 엔지니어링을 이용한 외식업체 메뉴 분석. **지역사회영양학회지, 11**(5), 642–649.

신서영 · 이봉식 · 최미경(2007), 활동기준원가계산법을 이용한 외식업소 메뉴 원가 산출. **한국식품조리과학회지, 23**(1), 90–98.

이은정 · 이두찬(2006), 메뉴 엔지니어링 기법과 CMA 기법을 이용한 메뉴분석에 관한 연구. **한국식생활문화학회지, 21**(3), 1–7.

이은정 · 이두찬 · 이종길(2006), 호텔조리부 메뉴 개발 전략에 관한 연구. **외식경영연구, 9**(3), 51–62. 2006.

이은정 · 이종길(2006), 호텔 양식당의 스타메뉴 개발에 관한 탐색적 연구. **한국식생활문화학회지, 21**(6), 431–445.

이종신(2007), 메뉴북의 바탕색과 활자의 가독성이 메뉴 선택에 미치는 영향에 관한 연구. **한국조리학회지, 13**(2), 35–46.

이해영 · 양일선 · 도현욱 · 신서영(2003), 메뉴분석 방법론의 비교연구. **한국영양학회지, 36**(3), 319–326.

정우석 · 변광인 · 박성수(2008), 메뉴 엔지니어링, CMA 분석방법에 의한 일식 메뉴비교분석–특1급 A호텔 레스토랑사례. **한국식생활문화학회지, 23**(5), 595–604.

한경수 · 양일선(2000), 대학교 급식소의 메뉴 엔지니어링기법을 적용한 메뉴 분석. **외식경영연구, 3**(1), 217–228.

Atkinson H. & Johnes P.(1994). Menu Engineering: Managing the foodservice micro-marketing mix. J. of Restaurant & Foodservice Marketing, 1(1), 37–55.

Baum-Whiteman(2017). 2018 Food & Beverage Trend Report.

Bayou M. E. & Bennett L. B.(1992). Profitability analysis for table-service restaurant. *The Cornel H. R. A. Quarterly, 33*(2), 49–55.

Hayes D. K. & Huffman L.(1985). Menu analysis: A better way. *The Cornell H. R. A.*

Quarterly, 25(4), 64–70.

Jeong W. S., Byun K. I. & Park S. S.(2008). Analysis of the Menu from a Japanese Restaurant using Menu Engineering and Cost/margin Analysis: A Case of a Restaurant at a First Class(A) Hotel. Korean J. *Food Culture, 23*(5), 595–604.

Kasavana M. L.(1998). Windows-based Menu engineering. *The Bottom Line, 13*(3), 18–20.

Kasanava M. L. & Smith D. I.(1990). Menu Engineering: A practical guide to menu analysis. revised ed. Lansing, Mich. Hospitality publications Inc. pp. 124–140.

National Restaurant Association(2017). What's hot 2017 Culinary forecast.

National Restaurant Association(2018). What's hot 2018 Culinary forecast.

National Restaurant Association(2020). What's hot 2020 Culinary forecast

National Restaurant Association(2021). What's hot 2021 Culinary forecast

Pavesic David V.(1983). Cost-margin analysis: A third approach to menu pricing and design. *International Journal of Hospitality Management, 2*(3), 127–134.

Pavesic David V.(1985). Prime numbers: Finding your menu's strengths. *The Cornel H. R. A. Quarterly, 26*(3), 71–77.

Robert E. Weigand(1999). Yield management:filling buckets, papering the house. Business Horizons. Sep-Oct, pp. 55–64.

Uman D.(1983). Pricing for profits. Restaurant Business, April: 157–170.

농림축산식품부, 한국농수산식품유통공사(2020). 2020 국내외 외식 트렌드 조사보고

식품의약품안전처 식품표시광고정책과(2021). 식품 등의 표시기준 [시행 2021.02.05.]

오픈서베이(2021). 배달 서비스 트렌드 리포트 2021.

한국농촌경제연구원(2019). 가공식품 소비자태도조사 심층분석 보고서.

참고 사이트

atFIS 식품산업통계정보 식품시장동향. HYPERLINK "https//www.atfis.or.kr/article/"https://www.atfis.or.kr/article/

pmg 지식엔진연구소박문각 : www.pmg.co.kr

YTN Science : science.ytn.co.kr

구글 : www.google.com

농림축산식품부도매시장통합 : market.okdab.com/cmm/main/mainPage.do

동반성장위원회 : winwingrowth.or.kr

두산백과 : www.doopedia.co.kr

미국레스토랑협회 : www.restaurant.org/Home

삼성웰스토리 : https://www.samsungwelstory.com
상권정보시스템 홈페이지(sg.sbiz.or.kr)
소상공인상권정보시스템 : http://sg.sbiz.or.kr
식품의약품안전처 : www.mfds.go.kr
신한카드 트렌디스. HYPERLINK “https//www.shinhancard.com/pconts/html/benefit/trendis/”https://www.shinhancard.com/pconts/html/benefit/trendis/
아워홈 : www.ourhome.co.kr
종로구청 : www.jongno.go.kr
트렌드 자료 : https://www.baumwhiteman.com
폰트 : https://www.designmantic.com/blog/infographics/font-moods
한국농수산물유통공사 : HYPERLINK “https//www.at.or.kr”https://www.at.or.kr

사진 인용

baemin.vn
doordash.com
HYPERLINK “http//uudamchay.com/”http://uudamchay.com/
https://commons.wikimedia.org/wiki/Main_Page
HYPERLINK “https//kitchenbase.jp/”https://kitchenbase.jp/
HYPERLINK “https//pepperparlor.com/en/about/”https://pepperparlor.com/en/about/
https://pixabay.com/ko
HYPERLINK “https//www.beyondmeat.com”https://www.beyondmeat.com/
https://www.creator.rest/
HYPERLINK “https//www.dvashorganics.com/”https://www.dvashorganics.com/
https://www.flickr.com
HYPERLINK “https//www.oohchacha.com/press”https://www.oohchacha.com/press
HYPERLINK “https//www.tastetomorrow.com/”https://www.tastetomorrow.com/
novameat.com
www.maxpixel.co.uk
맥도날드 유튜브 공식계정
식품외식경제 홈페이지
인스타그램 #혼밥검색 결과
피자헛 인스타그램

찾아보기

저자소개

이은정 이화여자대학교 식품영양학과 이학사
The Culinary Institute of America(CIA), AOS 학위
경기대학교 외식산업경영학과 관광학석사, 외식조리관리 관광학박사
서울 그랜드인터컨티넨탈호텔 조리부
신한대학교 바이오생태보건대학 외식조리전공 교수
현재 한경대학교 웰니스산업융합학부 식품영양학전공 교수

이두찬 한국방송통신대학교 법학과 법학사
경기대학교 관광학과 경영학석사, 세종대학교 조리외식학과 박사과정 수료
서울 플라자 호텔, 서울 밀레니엄 힐튼호텔, 서울 그랜드인터컨티넨탈호텔 조리과장
경주호텔학교 교수
서울 조선호텔 총주방장(조리부장), 한국총주방장회(KCC) 회원
현재 대전보건대학교 호텔외식조리과 교수

이경란 이화여자대학교 식품영양학과 이학사(B.Sc)
스위스 Ecole hôtelière de Lausanne, 국제호텔경영 이학사(B.Sc)
스웨덴 Växjö University(현 Linnaeus University) 경영학 전공 석사(M.S.Sc)
이화여자대학교 대학원 식품・외식전공 이학박사(D.Sc)
Food & Culture Korea Co. 아카데미 사업부 부서장
현재 안산대학교 식품영양조리학부 식품영양학과 교수

이정탁 한경대학교 영양조리과학과 이학사
중앙대학교 식품영양학과 석사, 경기대학교 외식조리관리학과 관광학박사
2017 대한민국 국제요리대회 & 제과경연대회 심사위원
경기대학교, 배재대학교, 동남보건대학교 강의
안산대학교 호텔조리과 겸임교수, 카페인프라 아카데미 사업・교육팀 팀장
현재 호남대학교 AI교양대학 교수

* 자료 제공 : 백미주반, 밍글스, 이지웅 셰프, 워커힐호텔

개정판

이해하기 쉬운

메뉴관리론

2018년 4월 6일 초판 발생
2021년 9월 6일 개정판 발행

지은이 | 이은정 · 이두찬 · 이경란 · 이정탁
발행인 | 유제구
발행처 | 파워북
주 소 | 경기도 고양시 일산동구 호수로 358-25
동문타워2차 529호
전 화 | (02) 730-1412
F A X | (031) 908-1410
등 록 | 1997. 1. 31 제 2014-000067호
편 집 | 북스북스(hynho3196@nate.com)

정가 20,000원
ISBN 978-89-8160-461-5 (93590)